旅行邂逅文艺范儿

文艺小店

《旅游圣经》编辑部　著

北京出版集团公司
北京美术摄影出版社

图书在版编目（CIP）数据

旅行邂逅文艺范儿. 文艺小店 / 《旅游圣经》编辑
部著. —北京：北京美术摄影出版社，2017.7
　ISBN 978-7-80501-997-0

　Ⅰ. ①旅… Ⅱ. ①旅… Ⅲ. ①旅游指南—中国②商店
—介绍—中国 Ⅳ. ①K928.9②F727

中国版本图书馆CIP数据核字(2017)第022802号

责任编辑：董维东
特约编辑：王　华
责任印制：彭军芳

旅行邂逅文艺范儿　文艺小店
LÜXING XIEHOU WENYI FANR　WENYI XIAODIAN
《旅游圣经》编辑部　著

出　版　北京出版集团公司
　　　　北京美术摄影出版社
地　址　北京北三环中路6号
邮　编　100120
网　址　www.bph.com.cn
总发行　北京出版集团公司
发　行　京版北美（北京）文化艺术传媒有限公司
经　销　新华书店
印　刷　北京方嘉彩色印刷有限责任公司
版印次　2017年7月第1版第1次印刷
开　本　700毫米×1000毫米　1/16
印　张　13.75
字　数　154千字
书　号　ISBN 978-7-80501-997-0
定　价　69.00元
如有印装质量问题，由本社负责调换
质量监督电话　010-58572393

《旅游圣经》编辑部

胡海燕　中文系毕业，出生在西北，成长在南京，生活在广州，从事过媒体、广告行业。性情淡泊、闲散，追求随性自在，喜欢闲云野鹤一般的生活。著有《最美云南》《最美福建》等书。负责撰写本书的广州、深圳部分。

王睿颖　90后旅行作家，曾于拉萨、成都、德国等地旅居写作，用温暖的笔触记录了旅途中一座座城市对人的关怀。著有《老西安新西安》等书。负责撰写本书的南京、苏州、西安部分。

小　爱　80后天蝎女。资深背包客，热爱独自旅行；资深美食达人，擅长寻觅各地美食。爱文艺、爱小清新式生活方式，开过咖啡厅和瑜伽馆，闲来无事进行网络文学创作，收获粉丝若干。负责撰写本书的厦门、大理部分。

王　蘅　热爱行走的天秤座女子，喜欢路上的风景，更爱有故事的旅行。期待未曾走过的路、没有看过的风景，遇见不一样的自己和世界。著有《恋恋四川》《最美西藏》等书。负责撰写本书的成都部分。

仇潇潇　生长于粗犷的北方小城，却有着南方女孩的细腻情感。工作中，她是专注于excel表格、寻找数据漏洞的理性审计师；生活里，却是流连于书店、花店、咖啡馆的感性文艺女青年。负责撰写本书的北京部分。

写在前面的话

海德格尔曾说过"诗意地栖居在大地上"，海子向往"面朝大海，春暖花开"。这是很多文艺青年的生活理想。但在工业文明和信息技术飞速发展的今天，人们的生活日渐刻板化和碎片化，节奏越来越快，压力越来越大，环境越来越恶劣。也许，唯有生活的艺术化和诗意化能够抵御这一切，就像高晓松说的"生活不止眼前的苟且，还有诗和远方"。

那么，我们就出发吧，去寻找"诗和远方"，寻找理想的文艺生活，寻找那些如珍珠般散落在大地上的文艺客栈、餐厅、咖啡馆、书店、小店和街区。

为此，《旅游圣经》编辑部派出六位颇具文艺气质的女性作者，分赴极具文艺范儿的北京、南京、苏州、成都、广州、深圳、厦门、大理、西安等城市，实地探访文艺客栈、餐厅、咖啡馆、书店、小店和街区。她们在每座城市都选取最有代表性的地方进行了深入了解，每家客栈都试住过，每家餐厅和咖啡馆都品尝过，每家书店、小店和街区都细致考察过，最终，为读者奉献上了这套"旅行邂逅文艺范儿"。

在这套书中，文艺范儿无处不在。何谓文艺范儿，大概有以下几个特点：

设计性。有文艺，有气质，有腔调。无论中国风、北欧风还是复古风、工业风，都充满了设计感。

生活美学。仅有文艺是不够的，还要与生活结合，这才有了客栈、餐厅、书店、咖啡馆、小店、街区等。它们的主人不仅仅是老板，更多的是"生活家"、艺术家，将自己的生活美学融入店里，与客人分享。

独立性。不混同于大众，有鲜明的个性化风格。只有拥有独立的个性，才能有"范儿"，这种风格其实就是主人的性格。你住进这些客栈，去这些咖啡馆喝杯咖啡，去这些书店选本书，也许能和主人聊聊天，发现另一种理想生活。

希望亲爱的读者能在这套书的陪伴下，在旅行中找到自己的诗意生活。

《旅游圣经》主编　桑　磊

目　录

北京

另存为杂货店
——你好，旧时光

熟悉的味道、相似的场景，不经意间唤醒人们沉睡已久的回忆：是80后童年时外婆坐在沙发上削苹果的描金水果刀，是70后客厅里滴答作响的棕色木头钟表，是60后那幅挂在墙壁上的海报。另存为不仅是一家杂货店，更是通往回忆的时光隧道，触碰你心底最温柔的角落。

小店特色

◎ 年代感的物品，触碰心底的温暖
◎ 专属回忆，难以复制的情怀
◎ 爬满绿植的小屋，仿佛一个魔法世界
◎ 提醒记录当下好时光

触碰心底的温暖

五道营胡同东段有一间杂货店，几株碧绿的爬山虎早已布满了整个墙面，显得店铺好像是隐匿在森林里的小木屋一般。拾级而上，推门而入，店内摆设的皆是有了年代感的老物件。棕木色的落地钟、蓝漆铁艺脸盆架、四四方方的黑白电视机，每一件物品都有着浓厚的时代印记。琳琅满目的老物件仿佛搭就了通往回忆的时光隧道，让人不禁脑海中浮现出难以忘怀的曾经。

店名很有意思，叫作"另存为"，本意是将原文件复制一份转移到其他地方，在这里却精准地诠释了这家店铺对于旧时光的珍视。店内陈列的小物件多是店主从老胡同里淘来的，带着生活的气息，给人以更深刻的触动。

有一位上了年纪的老人随着晚辈一起前来，她对着一个玻璃瓶凝望良久，缓缓说

五道营胡同的另存为

1│2　1. 另存为不仅是一家杂货店，更是通往回忆的时光隧道，触碰你心底最温柔的角落
　　　2. 钟表滴答，提醒着时光流逝

道："以前咱们家也有，这是我妈妈年轻的时候装润肤乳用的，那时候可贵着呢。"在她的眼神中，有惊喜更有感动，好似又回到了当年——她还是小孩子的时光里。

没有记录就没有发生

店铺门口的木牌上用粉笔写着一句话，"没有记录就没有发生"。那些我们经历过的生活场景在时光的流逝中渐渐会被遗忘，若没有偶然间的触动，必将永远尘封于内心

　　深处，好像从来没有存在过一般。在这家小小的杂货店，令人们动容的并不是这些老物件本身，而是与其关联着的生活片段、温暖珍贵的昔日时光。这家小小的店铺，像是一个记录者，替你保存着一个又一个早已忘怀的瞬间。

　　时钟滴答，阳光里，窗口下的脚踏琴折射出温暖的光芒，那位老人仍未离去。也许多年前的一个下午，一位穿着白色衬衫、黑色裙子，梳着麻花辫的年轻姑娘，正弹奏着一首离愁别绪的曲子。或许是毕业季里常见的《送别》："长亭外，古道边，芳草碧连天。"琴声悠扬依旧，韶华不再，不论分别了的朋友是否会一直记得曾经的这一幕，他

1 | 2　　1. 老式打印机在这里不仅仅是一件用以怀旧的工艺品
　　　　　2. 阳光洒落在琴键上，没有琴声，只有回忆

们都共同度过了那段青春。

记录你的生活，为你写诗

　　"为你写诗"是另存为杂货铺新发起的一项活动，游客可以用店门口的老式打印机写一首诗，用明信片寄到指定的城市。这项活动不仅不收取任何费用，店主还提供免费拍照、免费明信片和免费邮票等温馨服务。老式打印机在这里不仅仅是一件工艺品，用以展示、用以怀旧，还发挥着最原始的打印功能。带着油墨的印记、翻越千山万水而来的明信片，当未来的某天被不经意翻出时，回想起旅途中的这家温暖小店、这首有着特殊回忆的诗歌，是否会有感动涌上心头？

　　另存为不仅仅是一家充满怀旧气息的杂货铺，正如另存为自己的定位，"我们提供一种生活态度，就是更贴近原本的生活、质朴的慢生活"。

小店资讯
　■ 地　　址：北京市东城区雍和宫五道营胡同20号
　■ 特色推荐：各式老物件

生活中有太多美好的事物等待我们用心去感受，它们没有那么耀眼，却无处不在，给人温暖，令人心安。是窗边丁零作响的风铃，是置放在房间角落里偶然盛开的鲜花，是惬意午后一杯香醇浓郁的咖啡，或是雨水滴答的傍晚口中融化的芝士蛋糕。位于鼓楼大街的可多生活馆，有很多小惊喜，有很多小情调，期待着你来一次小小探索，带走一份小小幸福。

可多生活馆
——ZAKKA风的小生活

小店特色

◎ 琳琅满目的有趣杂货
◎ 安静惬意的咖啡小屋
◎ 种满花草的阳光露台

这里售卖的不仅是物品，还有生活

从鼓楼大街自西向东前往南锣鼓巷，有一家ZAKKA风的杂货小铺。明亮的橱窗、琳琅满目的杂货小物件，总有一件吸引你的眼球，让你忍不住停留。这里仿若是前往南锣鼓巷的中转站，它有一个有趣的名字，叫"可多生活馆"。

可多的名字读起来朗朗上口，说起来却有一段小故事。开店之初，客人推门而入的第一感觉是"你们家的东西真是可多可多了"，"可多"二字简单质朴，却与店主的开店理念十分契合，于细微之处发现平凡的美好，于杂货小物之中体会生活中"可多、可多"的惬意。

店内的杂货琳琅满目、花样繁多，欧式复古铁艺花架、呆萌可爱的猫头鹰风铃、色彩丰富又充满怀旧气息的上弦玩具，每一个小物件实用而又可爱，总能让人在心中产生联想，在家中为它们找到应有的位置。

$\dfrac{1}{}\dfrac{2}{3}$ 　1. 呆萌可爱的猫头鹰风铃、色彩丰富又充满怀旧气息的各式小摆件
　　2. 两只围桌而坐的泰迪熊
　　3. 猫咪主题筷托，这画面颇有种小黑猫倾倒众猫的感觉

　　在店铺深处的原木托盘上有一组猫咪筷托，粉色、黄色、蓝色，或趴着晒太阳，或躺着撒娇，眯着眼睛或睁着眼睛，圆溜溜胖滚滚的，十分可爱。猫咪均为陶瓷质地，釉色柔和，看着便让人心生暖意。一个小物件价格并不贵，正好遇到商家做活动，还可以关注微信一元购买，如此有趣有爱的物件带回家中，为用餐增添了十足的趣味，好像也增添了食物的美味。

　　置物架上的地球仪台灯也让人印象深刻。灯光打开，地球仪散发出温暖的光芒，好似指引着我们去远方，去流浪，在青春飞扬的岁月里还可以追梦一场。

　　楼梯拐角处有两只围桌而坐的泰迪熊，阳光洒落、时钟滴答、花影摇曳，憨厚的熊先生与羞涩的熊小姐也在此享受着美好惬意的小时光。

　　可多生活馆中的小物件不是华而不实的装饰，它们在发挥着实用功能的同时，经过设计和创新，带给生活更多的美好。

这里提供的不仅是咖啡，还有情调

　　顺着花草环绕的楼梯上去，便是楼上的咖啡馆，与楼下热闹的杂货铺相比，这里有着远离尘世的安静与惬意。

　　在这里听不到街道上车水马龙的声音，只有窗外的杨树与香椿树在暖风的吹动下发出沙沙的声响。午后的阳光透过百叶窗照在桌子上的小猪台灯上，折射出柔和的色彩。楼下的创意小物件被仔细地布置在这里，与繁茂的绿植和花朵相互映衬，每一处角落都充满了小情调。点上一杯咖啡，再来上一份香甜的芝士蛋糕，此时此刻只愿时光在这里停留。

　　三层是一处开阔的露台，在此可以清晰地遥望不远处的鼓楼，将周边老胡同的风貌尽收眼底，有种穿越时空的格调。如果在夜晚，躺在木椅上看星空，想想便觉得浪漫无

<u>1</u>
<u>2</u>

1. 香甜的芝士蛋糕，给可多生活馆的时光带来甜蜜的气息

2. 精致健康的生活自然少不了好看又美味的花草茶

比。墙角下种植的花草上插着标签，原来店内的部分食材是店家自己种植的，比如金枪鱼沙拉里用的薄荷叶便来源于此。置身自己的杂货铺中手冲一杯咖啡，在露天花台上摘下新鲜的食材拌上一份沙拉，生活在这里是满足，是温暖幸福，让人心生向往。

可多生活馆也许不是周边最热闹、最有创意、最好吃好玩的店铺，但却有着简单美好的生活。"从一件充满情趣的杂货开始，从一杯手冲的美味咖啡开始，从一片自己种植的薄荷叶开始，那些微小的细节有可多可多"了，终将温暖你自己的生活。

顺着花草环绕的楼梯上去，便是咖啡馆

 小店资讯

- 地　　址：北京市东城区宝钞胡同和鼓楼东大街交叉口路南
- 特色推荐：创意可爱的小物件、青柠芝士

创艺无限

——创意是心灵的便当

艺术源于生活，因创意得到升华，故而创意总被创作者奉为无价瑰宝，因此在很多售卖创意产品的店铺门前总是贴有"禁止拍照"的提醒。但是，南锣鼓巷中一家名为"创艺无限"的软陶主题手工艺品店则以一种包容和大气的心态看待这件事情，它欢迎客人拍照，更鼓励客人对创意品深入理解，此举无疑让人如沐春风。

小店特色

◎ 原创主题特色软陶

◎ 倡导开放精神，店内可随意拍照

◎ 内有猫咪镇店，卖萌赚猫粮

创意软陶，心灵便当

南锣鼓巷中段有一家店铺十分显眼，朱红色的木门、雕花的梁木、威武兔儿爷的年画，典型的老北京风情。如果是在夜晚，大红灯笼高高挂起，更是别具一番风味。原木的招牌上写着"创艺无限"，下有一行小字"心灵便当店"。这样的描述让人耳目一新并且充满期待。这是一家工艺品店铺，主要展销软陶作品，形态各异、包罗万象，却极具中华传统风情。

店铺空间分为三层，一层商品琳琅满目，主要用于展示经营；地下一层为DIY体验，常有好学爱玩之人来此体验、发挥创意；二层为创意工作室，店内所有工艺品均来源于此。

店内的软陶制品有着亮丽的色彩、细致的外形，风格独特、主题鲜明。兔儿爷摆脱了传统的骑虎挂旗造型，多了一串串红亮、晶莹的糖葫芦，红果的个数也极为讲究，共

预约

心灵便当·DIY

体验时段：

上午：11:00 — 11:50

下午：14:00 — 14:50
16:00 — 16:50
19:00 — 19:50

本店电话：64019137
更多详情请关注微信

店内设有软陶DIY课程，在老师的指导下每位客人都可以发挥自己的创意

店门口的两头雄狮与四小乐手喜迎宾客

1 　1. 有一种创意叫"让人心生向往"
—
2 　2. 花团锦簇的小老虎
—
3 　3. 一头头木雕倔驴，这款作品有个格外贴切的名字——不二驴精神

有十个，象征着十全十美，虽然与传统兔儿爷有了造型上的区别，却继承着老北京兔儿爷的美好寓意，更贴近生活，让人印象深刻。展示架上依大小并排而列的小木驴显得格外呆萌可爱，名曰"不二驴精神——坚持不懈、锲而不舍"，别具特色的命名让人忍俊不禁，简短的描述却又令人有所思考。精致的绣花鞋、穿着旗袍端坐在木椅上的猪小姐，乐呵呵的老天桥艺人、可爱迷你的十二生肖，每一款作品都来源于生活，所蕴含的主题更带给生活以祝福和美好，让人们怀揣无限憧憬与畅想，这便注解了"心灵便当"的寓意。

随意"复制"，铭记美好

南锣鼓巷商铺林立，其中不乏创意店铺，但大多门口贴着"禁止拍照"的告示，而"创艺无限"不仅允许客人拍照，更是鼓励客人拍照，颇令人感慨。

店内贴着一个告示，让读过的人心生敬意，"我们之所以创造这个自然、简朴、艺术、宁静的空间，就是因为我们相信艺术的美好生活方式会复制，会'传染'。所以我们坚定不移地开放我们自己，让大家尽情自由地徜徉在这里，无论男女、老少，或用相机，或用手机记录着这里的一切美好，最终我们相信是用心的铭记"。

我相信，这绝对不是店家的噱头，而是一种大气、包容、积极分享的态度。如此也是这家店铺能更受注目的力量，更是其坚持初心、追求艺术的根本。

卖萌打工的服务生

店内除了琳琅满目的创意商品和分享美好的正能量外，一群喵星人在这里也以一种可持续的方式践行着公益与爱。店内收养了多只流浪猫，店家特地在橱窗边为它们搭建了精致的猫宿。猫咪们或安静地呼呼大睡，或活泼地跳跃着亲近客人，尽职地做着卖萌的工作。

店主用开店收入和顾客的捐资购买猫粮，而小猫咪也以自己独有的方式来"打工"挣得小鱼干和顾客的青睐，颇有种"按劳取酬"的乐趣。也许是因为这些自食其力的小猫咪使得许多顾客会忍不住进店一看究竟吧。

小店资讯

- 地　　址：北京市东城区南锣鼓巷97号
- 电　　话：010-64019137
- 特色推荐：创意软陶工艺品

ubi gallery
——艺廊里的美妙时光

gallery一词在柯林斯英汉词典中被翻译为"画廊，美术馆"。说起美术馆，除了年少时在学校组织的参观活动中亲临其境外，它离我的生活有些遥远，说起画廊则更是如此。在杨梅竹斜街，有这样一家创意空间，精美的陶瓷与独特的当代首饰会给你带来惊艳的艺术体验。ubi，或许就是你欣赏艺术、感受艺廊文化的一个平台。

小店特色

◎ 第一家入驻杨梅竹斜街的创意店铺

◎ 精美的陶器，独一无二的格调

◎ 特色当代首饰

老胡同，新艺术

路过杨梅竹斜街的人多会被一家精致的店铺所吸引，在寸土寸金的老胡同中，它独自占据了60号、62号两个门牌号，仅在空间上便给人带来了开阔的视觉体验。店名ubi，意为"哪里"，"代表着运动与到达，关于提出问题"。

透明的玻璃窗内可见冰激凌色的陶瓷花器，颜色清新明朗，静谧蓝、粉晶色，恰是Pantone最新发布的年度流行色。圆满的杯形、棱角分明的钻石形，并无标新立异的形态，却每一款都简洁大气。花器内没有颜色耀人的花卉，皆以质朴的绿植和含苞待放的花枝为主，或是一枝葱翠的柏枝，或是一枝风干的小苍兰，还有我不认识的开着零星小花的花枝，或许是小孔雀，又或是小丁香。清丽的配色，恰到好处的诗意。

除了陶瓷制品，这里还有独具创意的当代首饰。提起中国传统首饰，首先想到的便是金、银、玉、石等材质，首饰的价值主要取决于材料的价值，艺术与文化相应成了

陶瓷罐里梅花绽放，让萧瑟的冬天多了些许生机

1. 店名"ubi"，意为"哪里"
2. 瓷器与水墨画的结合，让作品独具韵味
3. 微型花瓶、风干了的花朵，有种小确幸
4. 独特的纹理，像不像小时候妈妈的钩花

镜中最美的风景，在每个人眼中皆有不同

附属品。当代首饰材质多样，既有传统的金属、陶瓷，也有随手取材的羽毛、干花，甚至是独一无二的化石，经过设计者的艺术加工，不同材质与思想碰撞，形成表现形式多样、令人耳目一新的当代首饰。

　　在橱窗内看到一款特殊的饰品——一个脖子环绕树枝装饰的半身马头。马头刻画得惟妙惟肖，甚至每一根毛发都栩栩如生，如果不是尺寸上有差异，还真的就像一个半身马头的标本。我无法领会到创作者创作的艺术思想，或许有关勇敢、有关自由，这就是当代艺术带来的美妙体验。若你能理解艺术家赋予作品的特殊寓意，自然很好；若你对此有自己的特殊理解，那也不错。如同当代饰品自然随性的佩戴方式一样，不拘泥于形式，随心所欲，这就是这个时代特有的包容。

她和她的艺术世界

ubi的创始人是一位来自荷兰的女士，她有一个好听的中文名字，叫施鹤玲。施鹤玲最先与大栅栏结缘于2002年，那时她骑行穿过北京的胡同，对此留下了深刻的印象。后来，她担任荷兰大使馆的文化参赞，在北京工作了多年。再后来，她便辞职在杨梅竹斜街开设了这家创意店铺。

作为文艺复兴的中心，施鹤玲的故乡荷兰可谓当代首饰设计的前沿重镇，首饰艺廊有着成熟的运作模式。和画廊类似，首饰艺术家可与艺廊签约，也可只将作品放在其中寄卖。施鹤玲也将这种模式运用在运营ubi中，为世界各地的优秀设计师和艺术家提供展示作品的平台。在这里，你不仅可以看到陶器、瓷器、珐琅工艺等中国元素艺术品，也可看到金属、羽毛等欧式的首饰作品。

"这里的每一个展品都是独一无二的限量版设计，每一件作品都有自己的故事，通过它们我们了解了世界各地艺术家开设的小型高品质的设计室。"ubi在为我们展示令人赞叹的艺术作品和多彩的世界艺术文化的同时，更是填补了我们内心缺少的艺术情怀。

小店资讯

■　地　　　址：北京市西城区杨梅竹斜街62号
■　电　　　话：010-63012382
■　特色推荐：陶瓷花器、当代首饰

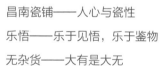

南京

昌南瓷铺——人心与瓷性

乐悟——乐于见悟，乐于鉴物

无杂货——大有是大无

昌南瓷铺
——人心与瓷性

从南京繁华的新街口，到安静的碑亭巷，遇见了昌南瓷铺，似乎只要一个转身，城市的声音就可以完全消失。风吹动着店门前的迎客铃，雨滴在碎青花瓷和混凝土揉捻的台阶上，驻足昌南瓷铺，乐享一个悠闲的雨后黄昏。

小店特色

◎ 文艺范儿的陶瓷小店
◎ 温暖有情怀的瓷艺空间

泥土生得玉般模样

很多人知道景德镇，却不知道景德镇曾经名为昌南镇，而china这个单词，就来自昌南。在南京碑亭巷，有一家小小的瓷铺，淡雅如同青石板中生长的无名野花，这就是昌南瓷铺。

昌南瓷铺给人的感觉是温柔的，在一个雨夜遇见昌南瓷铺，更诠释了什么是水般的温柔，昏黄的街灯下，鲜少有人走过，但路过的人都能感受到这个店铺里温柔细腻的情怀。顺着街巷一直走，直到门外被淋湿的女贞树滴滴答答落下水珠，这才发觉脚下的路不知从什么时候起变成了碎青花和混凝土，抬起头，昌南瓷铺红色的招牌字便跃然眼底。推开门的那一刻，只觉得满眼的白瓷青釉。坐在瓷器后的女子莞尔一笑，室内的一切便仿佛熠熠生辉。

这里的瓷艺更加精美，工艺也更加繁复，个头儿更小，花样更多，雕饰出的精美小瓷器很好地体现了现代审美诉求，让人禁不住要把玩一番。瓷铺里铺着许多蓝底白花的

$\dfrac{1}{2\ |\ 3}$　　1. 展示台的瓷器
　　　　　　2. 干花与瓷器
　　　　　　3. 瓷灯

布匹，白玉天青的瓷器静谧地躺在花布上，它们会让人联想到江南水乡小桥上伫立的旗袍少女。

　　昌南瓷铺真的是一间小店，设计和陈设凸显古朴的风格。干枯的野花插在瓶中，悬挂的陶链光泽很好看，陶瓷桌灯里的光芒被柔化。瓷铺不远处就是繁华的街，这里只听得见雨声，然而陶瓷似是有千万的故事要倾诉于我，以致有那么一瞬间，触摸着它光滑的纹理，就能感觉到泥土的冰凉和窑中的滚烫。

1 | 2 | 3　　1. 精巧的小件
　　　　　　2. 茶道
　　　　　　3. 瓷器有各种制作方法

瓷的灵性

　　和这个小店一样，昌南瓷铺里的姑娘微笑淡然，姿容清雅，端坐在琳琅满目的瓷器后面，似乎也具有一种韵致。姑娘挑选瓷艺也算是煞费心思，店内大大小小成千上万件物品都由她过目，从陶瓷桌灯、养多肉的器皿、古朴的淋釉茶杯，到女孩子喜欢的陶艺饰物，这些瓷器看似随意毫无章法地堆满了小店，却会让人生出素净清亮的感觉。

　　摆满了瓷器的昌南瓷铺也浑然生出一种柔和的灵性，就像我在雨夜初见它，仿佛被吸引了一样去推开门。细细品评每一件瓷器，会发现不同的韵味，有的浑厚，有的清丽，有的呆萌，每一件瓷器都张扬着自己的个性，每一件都是灵感的结晶。将一个个精美的瓷器拿在手中仿佛能听到设计者灵感的歌唱。

　　每一位到店的客人都会被这里的瓷艺作品吸引，他们久久地徜徉在展架前，或是浏览，或是挑选，然后带走一两件中意的小物件。因为是一间小店，转身间都要小心，每个客人在昌南瓷铺里也都轻声细语，缓慢地走、细细地看。

　　或许是与瓷器为友的缘故吧，昌南瓷铺里的姑娘也非常温婉，她的言行举止仿佛早已和瓷铺里的千万件陶瓷相融。瓷器从泥土中来，经过高温烈火，变成晶莹温和的艺术品，昌南瓷铺里的千万件瓷艺，不必挑选，只要耐心地等待它和你相遇，目光接触的瞬间像被注视着一样，然后带它回家就好，这就是瓷的灵性。

小店资讯

- 地　　　址：南京市珠江路碑亭巷116号
- 电　　　话：025-83368829
- 特色推荐：各类瓷器

乐悟是南京老门东一个满满当当的杂货铺，它有着诗意的名字，有着和百宝箱一样的杂货。老门东旧日的时光流淌在小巷，乐悟里却充满了年轻的气息。乐悟门前站着一个大大的机器人，门后放着一把小马摇摇椅，只要看到这两样东西，就找到了乐悟。走进门，便可以在杂货中徜徉，从每一样古旧小物件上享受到淘货的愉悦。

乐悟
—— 乐于见悟，乐于鉴物

小店特色

◎ 位于老街区
◎ 充满文艺气息

只是一间杂货铺

杂货铺不知从什么时候开始悄然兴起。最初是日式ZAKKA的店铺，后来慢慢浸染上了本土味道。衍生在各个城市里的杂货铺，有时是旧货铺子，有时是创意元素小物，有时是文创产品，有时是软装陈设，或是手账轻生活。每个城市都有那么几个小有名气的杂货铺子，在南京，乐悟就是其中的一个。

老门东这个地方，有浓郁的金陵味道，本身是老城区，虽然如今也雕梁玉砌、繁华依旧，但藏在街头巷尾的那一扇扇大门后的时光却无法被城市的熙熙攘攘取代。乐悟在老门东的巷尾，门口只有个铜牌写着"乐悟"两个字，青石墙上斑驳出不同的颜色，而南京的湿润和绿色悄然潜入。

作为一个杂货铺，乐悟几乎应有尽有，货架上林林总总地摆满各种物件，看得人眼花缭乱，留声机、老电视、钟表、明信片、小摆件等。乐悟并不狭小，反而算得上极为宽敞，可是尽管空间不小，却还是给人满满当当的感觉。物件的摆放极没有章法，随意

各式各样的杂货

乐悟

1. 各式钟表
2. 时尚摆件

随性，却能看出每件物品都有主人的心思融入。

不只是一间杂货铺

懂生活的人总是对收藏情有独钟，乐悟也便成了这一群人留恋的地方。人们总想在这里探寻到什么，或许找到一种久违的回忆，或许是触动一段相似的过往。杂货铺吸引了形形色色的人，大人、孩子、老百姓、名人，不论是谁，走进杂货铺，都会对这个小店产生一些期盼、一丝牵念，希望曾经遗失的需求在这里得到满足，这也应该是杂货铺存在的一种理念吧！

背街小巷里的乐悟，门前放着个机器人，算是比较惹眼的细节，因此路过的人们大多都会往里面望上一眼。这浅浅一眼，如同看到了藏满珍宝的洞穴。老门东里虽然也有不少南京本地的居民，可更多的还是来自天南海北的游客。遇见乐悟这样的杂货铺，总会走进来惊喜地发现自己的所爱然后带走些什么，日后他乡，摩挲那些物件，也能回忆起南京的轮廓。

我猜，乐悟之所以叫这样的店名，大约也有"乐物"的意思吧。杂货铺本身是贩卖物品的小店，但世上的物品太多，也许有的杂货就是一件孤品呢！乐于见悟也好，乐于鉴物也罢，生活本就是琐碎的，堆满了杂货的杂货铺，有时候就像堆满了琐碎小事的人生，见物知悟，大约就是乐悟想告诉人们的道理吧！

 小店资讯

■ 地　　址：南京市秦淮区箍桶巷101号
■ 特色推荐：小摆件、明信片

在夫子庙桃叶渡，有个明黄色的小铺子安静地坐落在街边，看起来闪耀而精致，它就是"无杂货"。这是一个不一样的杂货铺子，因为它所珍藏的每一样宝贝，都是老板Ms.Wu从世界各地旅行淘回来的。每一样小物件都牵连着一份珍贵的记忆，走进无杂货的温柔小世界里，就可以听到这些小物件的故事。

无杂货
——大有是大无

小店特色
- ◎ 藏在繁华的夫子庙旁边
- ◎ 充满人文情怀和故事

姑娘和杂货

南京人很可爱，不知是不是因为南方口音，老百姓对这个城市有个爱称——蓝鲸。所以，在街边的小店里总能看到各种各样的蓝鲸。很多人最初遇见无杂货的时候，会觉得这个窄窄的杂货铺好像一只张着大嘴巴的蓝鲸，明黄色门窗后面藏着一个深蓝色的小世界，蓝鲸的肚子里琳琅满目，像是装满了斑斓的小海鱼。

杂货铺的老板Ms.Wu，是个南京姑娘，很可爱，当我想要给她拍一张照片时，她会不好意思地说："哎呀！今天忘记洗头啦。"其实她是个具有冒险精神的人，不但周游世界，还从世界各地带回来各种美好的杂货与人们分享，于是也就有了这间无杂货小店。

Ms.Wu是个热爱自由的姑娘，不过她很谦虚，她说她也只是比普通人多一些忠于梦想的勇气而已。也可以说成，Ms.Wu并不是生产梦想的人，她只是个梦想的搬运工，所有无杂货里的故事，她都小心安放，细心珍藏。

陶艺与干花

正是因为这里的所有小物件都是漂洋过海而来的，所以无杂货虽然是本土的杂货铺，却有着满满的异国风情。触摸它们，仿佛可以感知那些带着异国他乡的风尘满满与舟车劳顿的诚意。每一件杂货都是独有的，也都烙印着Ms.Wu的个人美学，她是学艺术出身，对美的理解也十分独特和细腻。她把世界搬来这个小店铺，与其说她是在售卖物件，不如说她是在贩卖故事。

无杂货里的杂货理应该说是工艺品，而且有十分明显的地域特征，大西洋彼岸的英伦风、尼泊尔的精致细腻、巴黎的浪漫优雅、非洲大陆的野性自然。在无杂货，你会乐于寻找每个物件上关于世界的印迹，然后对Ms.Wu投去艳羡的目光。

而她，会回你一个浅浅的微笑。

梦想杂货铺

无杂货这个店铺，说起来，似乎与其他的杂货铺不一样。

也许它不是最丰富的，也不是最大的，但它却是这样的俘获人心。吸引人们的可能是每一件物品都来自有故事的地方，你带走了一件天青色的陶瓷摆件，它来自高原上那天青色的湖泊；你带走了一束绣球绢花，它来自九月的北海道。一只浅粉色的高脚杯，来自布拉格的某个玻璃橱窗后面；那个精致的假面面具，它来自亚得里亚海明珠的化装舞会。明信片、摆件、陶瓷、装饰盘、玩偶、钟表，每一样都独一无二，也都代表一个不同的梦想。

无杂货，这个杂货铺平静而又细心地为梦想收集更多的惊喜，因为每个人心中都有踏寻远方的梦。也许很多人都陷入了眼前的苟且之中，但他们的心里一定都畅想着诗和远方，幸好有无杂货那些来自梦想深处的慰藉，重要的不是故事本身，而是听故事的心情。

有时，藏身杂货铺，不是为了寻找杂货，更多的是为了找到与生活沟通的乐趣，去这个杂货铺走一遭，感受会更真切。在杂货铺里丰富了生活的空间，增添了生活里的满足感，何乐而不为？

小店资讯

■ 地　　址：南京市大石坝街29号
■ 特色推荐：小摆件、明信片、陶瓷制品、玩偶

苏州

爱芷概念花店生活馆
—— 那些花儿盛开在平江路

爱芷是一家位于平江路附近的花店，也是一间天然手工皂生活馆。爱芷气质甜美，清新逼人。平江路上终年人来人往，每个路过的人都会回头看看这个美丽的小店铺，留恋爱芷玻璃窗里暮春、盛夏的气息。

小店特色

◎ 盛满文艺范儿的鲜花铺子
◎ 清雅出尘的秘密花园小店

平江路的秘密花园

爱芷这个名字是有来头的，"doux"是"情书"的意思，"ai"是中文的"爱"，"Aidoux"就是爱芷。爱芷创办的初心，就是打造一个心中有爱、手中有花的概念生活馆。在爱芷，除了有鲜花，有花茶，还有花皂和花酿。

平江路上，喧嚣与热闹太盛，而背街小巷里的爱芷，却以一抹清润粉妆的薄荷绿出现在人们眼前。这座薄荷绿色的两层小楼，像尘嚣里的清风，仅仅是看一眼都觉得清爽。

爱芷里的花，大多都是空运而来，不但新鲜，而且品类众多，有很多都无法叫出名字，这些花儿被细心摆放并装起来，盛开在爱芷里的每一个角落。牡丹花雍容的美颜，荷花不蔓不枝、亭亭净植，向日葵鲜艳活泼，都给这里增添了勃勃生机，也令顾客赞叹不已。爱芷还会选择松枝、阔叶、果实来做成捧花或插花出售。花的种类是没有地域之分的，只要踏进这个花园，就是踏进了花的海洋。

错落有致中的品位

Aidoux爱芏

爱芏走的是田园小清新的风格，大玻璃窗下摆满了鲜花和干花，远远看去，好像法国南方小镇的村庄小屋，充满了无限的浪漫。在店里透过玻璃窗看得也很清晰，路过的人一定会想，不知是谁会拥有一个这样的花屋，真是令人艳羡。

推开门，门上的风铃丁零、丁零地响了起来，满眼的花朵也生动了起来，满屋香气浓郁。暖黄的光、雨滴形的吊灯、欧式风格的软装配饰、地中海风情的地砖，浪漫而又温馨。有趣的是，花朵的器皿也千变万化，不拘一格，铁桶、木桶甚至轮胎也被挂起来当作花盆。

自然芳香的生活方式

爱芏除了鲜花，还有以鲜花为原料的精制手工皂。陈列在木质货架上的鲜花冷皂，晶莹剔透，仿佛是凝练了花朵的琥珀，不但美丽自然，而且是更加绿色、环保的芳香剂。

1. 别具匠心的装饰
2. 味蕾诱惑

从爱芷的外观上看，它更像一间茶馆或咖啡馆。爱芷不仅售卖花和花皂，还有几张铁艺小桌供客人在这里休憩、喝茶。爱芷的花茶很好，老板娘的手工玫瑰花茶，加上精美的英式下午茶瓷器，把一个下午消磨在这里也不会觉得浪费。

其实，爱芷更多的是在售卖一种生活态度。我们都喜欢花，所以也就都会轻易地喜欢上爱芷。一眼望去，爱芷里的春天好像永远都不会过去，永远鲜艳斑斓，幽香四溢。享受充满色彩与香气的生活，这就是爱芷想要展示给每个客人的生活态度。

苏州的休闲时光安静如诗，玻璃盏里的花瓣柔软如此刻的心境。微风吹过，爱芷的芳香飘向远方，染得这一条小巷花香氤氲。

工欲善其事，必先利其器

手工香皂

小店资讯

■ 地　　址：苏州市平江区白塔东路249号
■ 电　　话：0512-69321855
■ 特色推荐：鲜花、手工皂、手工玫瑰花茶

抽屉手工布艺店
——平江路里缤纷的梦

"抽屉"是一个原创的布艺小铺子，就在平江路上，既不那么惹眼，也没有刻意隐藏。推开店门的那一瞬间，才觉得这个世界上的颜色有那么多，这些平日里触手可及却未曾欣赏过的布艺生活用品是那么美好。

小店特色

◎ 文艺的布艺手工作坊

◎ 有着原创情怀

布艺工匠的赤诚之心

"抽屉"这个名字，来自一个美好的夙愿，店主说，"抽屉"是个具有包容性内涵的词，抽屉里装满了珍贵的东西，每打开一次抽屉，都像是在发现惊喜一样。正因为如此，也就有了这个温暖的店名。

抽屉里的布艺都有什么？实用而且漂亮的布包、各种可爱的布偶以及花布料所能做成的一切工艺品。和陶瓷、木艺不同，布艺更加温柔、亲和。在功能上说，布艺也更广泛地运用到了生活之中。虽然会有客人说，这么精致美好的小布包不舍得用，但工匠本人会说，美好的东西不应该被束之高阁，不应该小心翼翼地展览在玻璃橱窗里，它不会碎，也不会被磨损，布艺小物就应该时常把玩，它柔软而温暖，应该和人们好好地亲近。让布艺更广泛地被认知，让生活中充满布艺，这是一种更加环保低碳的生活方式。

抽屉里的每一样东西都不是很昂贵，但都倾注了工匠的诚意，也正因为这里的所有东西都是纯原创和纯手工，才为这些小物件赋予了灵魂和独一无二的属性。

夜色中的抽屉

在挤满了文艺小店的平江路，抽屉就像一股仲春的清风，清清淡淡而又灵动自然，轻轻松松地就能拨动人们的心弦。

只为表达生活而作

抽屉有着标准的苏式院门，两盏红灯笼挂在门口很惹眼，白色的粉墙被苏州湿绿的青苔印上了一抹青绿，藤蔓植物缓缓爬上墙面，"抽屉"两个字显得淡雅又清隽。

店面设计简洁大方，并没有过多的装饰，只有玻璃和木质展柜，每一样布艺制品都精心地被摆在展柜上。除了布包，还有一些苏州文创产品，比如用精致刺绣包裹的小本子。所有的陈列看起来都温馨而明亮，小而精致，多而不杂，感觉有一点欧美的清新田园风，转眼又可在店面里的老木头梳妆台上看到苏式的古典雅致韵味。

抽屉很文艺，但并不浮夸，所有细节被表达得刚刚好，店铺里的感觉很温馨，也很

包住目光

$\dfrac{1}{2}$ 　1. 包好美

　　2. 绣出美丽

1 | 2　　1. 不可复制的巧思
　　　　2. 手作工具

平易近人，没有寻常手工艺作坊的那些来自艺术的清冷感。

　　此外，抽屉还有手工艺作坊的培训活动，将布艺元素更多地带到人们的生活中去。最朴拙的布匹、不同的花染、不同的形式塑造出无限可能的形状，将这个创作过程的愉悦带给喜爱抽屉的客人，是它最初的夙愿和初心。

　　抽屉里写着一段话："布艺工匠，只为表达生活而作。"每一件产品都坚持手工制作，用天然的材料，制作出唯一的苏州伴手礼。在抽屉，你会感受到人与布匹的和谐相处，这些日常中不可或缺的小东西，细细品味也能收获不同的体验。日本的手工匠人说，一个杯子，如果拥有最像杯子的设计，才是最好的设计。抽屉也有这样的信念，布匹是材料，做出的东西是人心。在这里，每一样物件都有着满满的灵性和情怀，有着布艺工匠对生活的表达，也渴望着将它传递到每一个触摸布艺之人的心里。

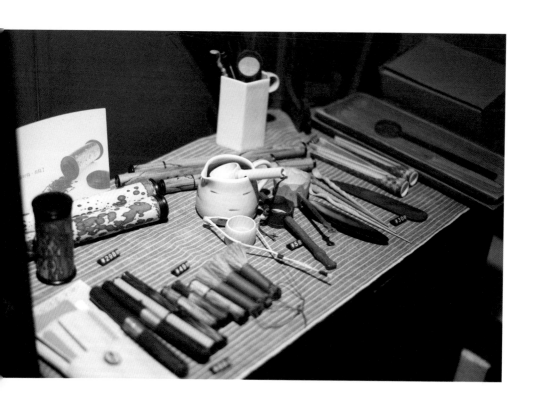

小店资讯

■ 地　　址：苏州市平江区平江路151号

■ 特色推荐：手工布包

素舍杂货铺
——大城小铺

杂货铺一直是文艺青年的心头好，苏州素舍ZAKKA正是他们苦苦寻找的铺子。一个小小店铺，里面塞满各种风格清新的小玩意儿，像是一艘装满宝藏的海盗船，等着你去淘金。

小店特色

◎ 充满情怀的杂货铺
◎ 小众的原创小店

杂货铺的拙朴情怀

十全街虽然繁华热闹，但没有像有些古老街巷那样，失去苏州本来的模样，依旧小桥流水人家里，粉墙黛瓦弄巷长，这里既有商业文明，又具古巷文化。跨过一道石桥，走几步路就进入了阡陌交错的小巷，遇见素舍，就像是旅途中不期而遇的惊喜。

素舍老板是个80后男青年，一个人坐在满满当当的物件之中，仿佛被淹没了一般，只有走进素舍的客人推开门碰到门口悬挂的迎客铃，老板才幽幽探出头来，给予一个不深不浅的微笑。

素舍的风格很复古，但其中也有一点美式混搭的味道，不过并没有过多的空间设计。它像一个藏满了水晶的洞穴，也像一个又长又窄的宝箱。素舍陈设的所有东西都是可卖的，这家店几乎没有装饰，全部是商品。货架上塞满了各式各样的小物件，门口堆满了大物件，对于收藏爱好者来说，素舍就像天堂一样美好。

绿意盎然的水培植物长势喜人，可爱的多肉在太阳下卖着萌，琳琅满目的马克杯、

这才是琳琅满目

$\frac{1}{2}$　1. 足迹
　　2. 趣味横生

搪瓷、陶瓷、玻璃，各种各样的材质，层出不穷的新奇用法。帆布双肩包是老板喜欢的原创品牌，布艺小摆件文艺范儿十足。除了杯子和物件，还有国外进口来的手工皂，香气扑鼻、清新优雅。在这个杂货铺里，能找到所有文艺属性的东西，如手绘明信片、画花信封。这些小而精致的物件，在素舍里，都是主角。

杂货铺的灵性光辉

素舍杂货铺有种神奇的力量，走在门口就能感觉到那莫名的吸引力。而玻璃窗里琳琅满目的小物件总会让客人驻足，想推开门去一探究竟。像素舍这样的街头杂货铺，虽然不比商场里的精致生活馆来得气派，但它拥有着更深刻的人文关怀。整个店铺精巧紧

1 | 2　　1. 小巧的追求
　　　　2. 旅行萌萌哒

凑，氛围也温馨平实，亲切得让客人觉得进到店里仿佛是来拜访一位爱收藏的朋友，推开门就要拉拉家常、问问好一般。

　　因为没有过于追求风格和品质的考究，素舍显露出更为自然随性的一面。慵懒的老板，随心所欲摆放的物品，一碰就会叮当作响，每个角落都好像爱丽丝的梦境一样会出现意想不到的小物件。素舍很可爱，也很专注，尽管有一丝慵懒，却毫不放松小杂货的品位。只有店主精心挑选过的宝贝才能被悉心安放，尽管看起来任何物件的摆设都没有章法，但素舍里这种若有似无的痕迹却也是用心而为。

　　杂货铺一般都是为了小众家庭装饰而诞生的小铺子，虽然不见得卖多么昂贵的家具，但像素舍里这样的温馨物件，才是家里真正需要的。素舍就是在陈述着"小而美""小确幸"这样的生活观，从木质的精致筷子到复古风小台灯。素舍致力改善人们的生活，哪怕这一件小东西微乎其微，带给主人的愉悦和幸福会转瞬即逝，但那一点点的变化也是素舍的心愿所在。

小店资讯

■　地　　址：苏州市姑苏区十全街160号
■　特色推荐：布艺小摆件、杯子、手工皂、手绘明信片

广州

玳山
——老洋房里的文艺空间

玳山的名字听上去很有点日本风，但其实是它所在的龟岗的另一种翻译，而它的英文名就是龟岗直译的"Turtle Hill"。

龟岗四马路2号是一栋建于民国时期的红砖洋房，藏身于广州老东山的别墅群中。Jason和Shiva将这栋濒危老房子租下来，花了四个月，修缮改造成现今的玳山。这个集展览、沙龙、原创设计类杂货展卖和民宿体验于一体的概念空间，承载着Jason和Shiva "Try Something New"的梦想，力图呈现多样的艺文趣向和试验性探索。

小店特色

◎ 原汁原味的东山老别墅
◎ 经常有文化展览
◎ 有很多小众品牌的设计作品售卖
◎ 有两间特别有意思的客房可供住宿
体验

活化老洋房的范本

东山口龟岗四马路玳山所在的这栋楼房，从外表看是一座非常典雅的红砖房，不过，仅仅在一年前，当Jason和Shiva遇到它的时候，却被它的破败深深震撼。之前几十年间，这里一直是一家企业的员工宿舍，仅仅250平方米的空间，最多的时候竟住了十户人家，后来实在没办法住人了才清空放租。

Jason自己就是设计师，毕业于英国伦敦大学学院，现任职于扎哈·哈迪德建筑事务所，精通建筑设计，他和本土建筑文化保育团队一起，对这栋老房子进行了全面修缮。Jason和Shiva希望尽可能地显露出这座房子本来的面目，尽量保留了房子的空间结构，甚至连磨花了的花阶砖都没有撬掉，地脚线、天花板也保留着原来缺损的样子。

玳山外观.

$\dfrac{1}{\begin{array}{c}2\\3\end{array}}$

1. 楼道保留了红色老砖墙
2. 简约的展览空间
3. 地板上的老花砖成了装饰品

清水红砖是东山老宅的特色之一，因此Jason特意在公共区域将粗糙的红砖墙裸露呈现，展厅的墙面虽然被涂白了，但却仍保留了砖块的肌理。为了使展品轻轻地附在墙面上，避免布展给老砖墙带来不必要的损害，Jason还特地在模型展墙上用鱼线吊挂了9块玻璃纤维板，用连接浮标的胶套进行固定，做成了"悬空的展品"的艺术效果。

这座建筑单体目前并非历史建筑，也未入选文化遗产普查线索，不过广州市有关专家的评价是：Jason和Shiva提供了历史建筑活化使用的一个新思路，将原本私宅功能的老建筑回归到了原有的功能，并且将它艺术化。

试验性探索

玳山的整体都是因展览功能而设的复合空间，一楼的展览功能更为突出，每一期展览的策划都是由Jason和Shiva一手操办的。

第一期的展览名为"角色：设计师与设计"，探讨在保护历史环境之下的民间建筑改造之路，集结了五位来自不同领域的设计师的作品。他们还策划了系列沙龙，邀请了来自香港、北京，还有广州本土的建筑师和团队来跟大家分享创作与思考。

而最近的一期展览是艺术家吴天明的"广州之窗"个展，这次展览中，文本、图

1 | 2　　1. 杂货空间
　　　　2. 独立设计师作品，既可展览又可售卖

片、影像、物件等以不同形式交叉呈现，展现了乡村（老家）和城市（出租屋）两个分离的空间之中，父亲和儿子之间的修复性交流。

文创杂货铺主要由Shiva打理，里面的商品以艺术设计类杂货为主。配合每期展览，Shiva都会对产品进行更新，她希望呈现这些有趣的生活用品，因为它们从艺术或设计中衍生而来，又与生活息息相关。

两间有趣的民宿

玳山的二楼有两间套房是作为民宿体验单元而存在的，但其实更像是Jason和

民宿的山寨单元

Shiva策展的另外一个部分，其设计感远大于居住感，室内设计和布置力求做到每件物品都有根有据，各有故事。

走上楼梯，左右两边分别是"山寨"和"原创"，所谓"山寨"单元里，有Jason和Shiva在网店里搜寻的各种设计史上经典作品的仿制品，有家具、灯具，乃至餐具和装饰画，他们"开诚布公"地告诉住客这些仿品的来历，还非常用心地整理出了原作作品的相关资料，放在玳山的微信公众号上和大家分享。

而在"原创"单元，则是他们青睐的国内原创设计品牌，新鲜活泼有朝气，比如Ziin Life的近况全身镜，集靠墙镜和衣架于一身，这个组合的奇妙之处就在于让设计符合人们的习惯。还有Mesh的手工吹制高硼硅玻璃双喜壶，是极简主义与中式风格的完

玳山的标志

美结合体。这些家居用品既融合了中国的传统元素，同时又加入了当代设计感，呈现出来的中国原创早已经不再是完全的古典和老派了。

　　Jason和Shiva 都是地道的广州人，特别是Shiva，从小就生活在东山一带，对这里的老建筑非常有感情。现在，他们共同守护着玳山，也期待更多人了解玳山背后的故事。

小店资讯

- 地　　址：广州市越秀区东山口龟岗四马路2号
- 特色推荐：艺术展览、艺术设计类杂货

有媒体将禾田书房归类为"独立书店"，但实际上，它更应该属于一个女性的专美空间，咖啡简餐、花房绿植、手作、画室、烘焙等技艺培训、讲座、童装……禾田是一块专属于女性的田地，在这里，女人们可以聊天、烹饪、插花、带孩子，但这块田地显然不带烟火气，只和一种远离俗世的理想美有关。

禾田书房
——为女性私藏的专美空间

小店特色

◎ 集咖啡、花房、书房和手作于一体
◎ 从空间到细节都充满了女性的婉约
  细腻之美

不带烟火气的女性美学

2014年6月，禾田书房正式营业。

工业大道东方红创意园内，小路尽头，榕树浓荫下，有一栋刷成纯白色的两层苏式建筑，那就是禾田书房。推开白色玻璃木门，一个开阔而又私密的空间映入眼帘。正是午后时光，有明媚光影透过蕾丝窗纱，落在宽大的复古皮沙发上，茶几上的太阳菊开得正盛，色彩如同油画一般饱满艳丽。

禾田书房给人的第一印象就是到处有花，桌面、墙壁、墙角，各色干花、鲜花，大花、小花，还有很多绿植、藤蔓。书房一楼里有个玻璃花房，面积不大，却溢满花香，石竹梅、多头康乃馨、大叶尤加利……小燕姑娘整天在花房里忙碌着，除了布置店内需要的鲜花搭配以外，也进行对外的花艺订制，甚至还有同城配送服务。此外，禾田书房每月举办的花艺培训课也十分受欢迎。

幽静小路边的白色小楼就是禾田书房

会客厅一样的咖啡区

　　一楼的咖啡馆是禾田书房的主体，面积很大，放着宽大的吧台和木质的桌椅，每张桌上还摆了一盆别致的鲜花。有一块区域专门陈列和售卖独立设计师的手作艺术品，都是独立设计师的小众品牌，包括首饰、服装、家居软装系列。这里售卖的服装全部都是棉麻质地，文艺腔十足。还有禾田书房自制的咖啡挂耳包，书房自己的设计师Ali花了一个多月的时间完成了七款豆子手绘包装设计，她在包装结构上还花了点小心机，加了三条啤孔线，解构之后的包装可以当作杯垫来用，吊牌则可用作书签。

　　真正的书房在二楼，平时人很少，安静地散发着淡雅的书卷气，能听见细微的虫鸣，还有风吹叶子的声音，一切都是那么鲜活。书架上的书都是有关女性美学主题和心灵成长、女作家作品、旅游和植物等的生活类图书。还有为孩子们专门准备的画室，店家的设想应该是这样的：当妈妈们在楼下学插花、喝下午茶，享受难得的悠闲时光时，孩子们在二楼学画画、做手工。临走时，妈妈还可以给自己挑一份礼物，或是饰品、服装，或是一束鲜花，把一下午的美好带回家。

书房一楼，有手作，有花房

1 | 2 | 3　　1. 透过窗户望向庭院
　　　　　2. 二楼图书区一角
　　　　　3. 手作区域

专为女性设计的美丽活动

基于"女性成长"的主题，书房会不定期地举办一些主题活动。

书房曾邀请过女作家虹影、日本花道研究者杨玲、"远远的阳光房"品牌创始人宁远等知名女性来书房分享她们的成长故事，也举办过公益早餐分享会、咖啡品鉴会、老胶片电影欣赏会、圣诞主题音乐会等活动。

二楼的画室主要是一个亲子活动的空间，书房请来几位美院教授传授画技，对象以小朋友为主，也包括部分成人课程，课目主要有趣味童画启蒙、版画、创意手工黏土、陶艺等。

此外，书房还突发奇想发起了"一日店员体验活动"和"吧台黑板创意插画征集活动"。"一日店员"就是任何人都可以报名申请成为店员，周六进行体验活动，时薪12元；黑板创意插画则是向大家征集吧台后方的黑板插画创意，并支付2000元人民币的费用。书房还有定期的主题旅行定制，第一次旅行的主题叫"清心"，选择了泰国第二大城市——清迈。

鲜花盛开在小窗旁

城市角落里的灵魂休憩之地

禾田书房由来自不同领域的九位女性共同发起，她们有的是全职妈妈，有的是企业高管，还有的是自由摄影师。"选择在城市的角落里开辟一处供灵魂休憩之地"是她们开店的初衷，她们所期待的书房是一种"成长、分享与陪伴"的阅读空间。如"禾田"这个名字，正是出于对三四十岁女性经历过人生的考验而出落成温润、沉静、成熟模样的期待。

书房的主旨是帮助女性成长，用书房董事长陈靖熹的话来说，就是"要活出美丽的状态"。"美丽不是说一张脸美不美，而是那种自在、不被外界打扰的状态。当面对困难时，你的态度是迎接它、解决它、永不言放弃；对美好的事物，是喜乐的状态；对自己不完美的部分，是接纳的状态。"

愿禾田书房，如同光照，时时照拂都市女性拔节生长。

小店资讯

- 地　　址：广州市海珠区工业大道中313号东方红创意园西区11-1102栋
- 电　　话：020-34329221
- 特色推荐：手作艺术品、主题活动、女性美学主题图书

春园后街二号，这个充满诗意的名字其实就是小店的门牌号。这里紧挨着中共三大代表曾经居住过的春园，是三层砖石混凝土结构的公寓式老房子，花砖依旧，草木蒇蕤。一楼有熊猫考考咖啡；二楼有墨非、朴作、Iwujiwu、168木工方等皮艺、木器原创品牌的工作室和展示台，每个周末都会有设计师亲授的手工课程，文艺到了极致；三楼是设计师Dupont的广式料理，生意很火，必须提前一周预约。艺术家、手作、跨界、私厨，端的一副东山新河浦式的理想生活做派。

春园后街二号

——新河浦式的理想生活做派

小店特色

◎ 各路设计师、艺术家云集，并且开小班手把手教习手工

◎ 各种高品质的皮革、木器、花艺手作展示并出售

◎ 有全广州最文艺的跨界私厨

各路高手云集

春园后街二号的女主人叫晏梅，是成都人，曾经是一家著名企业的高管，喜欢花艺、茶道、美食。可能是在成都长大的缘故，那里的慢生活方式深深地植根于晏梅的骨子里，东山一带的老房子、旧时光，对晏梅而言有一种难以抗拒的吸引力。

晏梅租下春园后街二号后，按照自己的理想对其悉心改造，然后力邀各路达人"捧场"——庭院和一楼的花房，由OLIVIA首席花艺师孙晨熙助阵打理，春园的每个角落都有各式鲜花和多肉，连墙上都挂满了盆栽，灯饰中编进了小草，花团锦簇，春意满溢。熊猫考考咖啡被咖啡达人阳明君一手创造出了独特风格，几百条熊猫考考的语录贴在墙上，书架上摆满了手绘的熊猫考考明信片，每个品种的咖啡豆只进一磅，要求十天内一定要用完，否则就丢掉。三楼私房菜的主厨是一位颜值高、对生活有极致追求的高

可爱的熊猫考考

1 | 2　　1. 小店外观
　　　　2. 楼下的庭院并不大，但绿意盎然

级鞋履设计师Dupont，钟爱探寻乡野土趣的食材，擅长制作原汁原味的广式料理，尤爱烹制鸭子，江湖人称"鸭哥"。

晏梅称春园后街二号是一所云集各路高手的"技术学院"，集鲜花技、咖啡技、美食技、手工技于一馆，还笼络了一群身怀绝技的达人，所以春园的公众号上说，我们期待有一技之好的你，投怀送抱。

崇尚慢活，痴迷手作

痴迷手作，只因太有个性太有爱，晏梅将二楼整层都辟为手作空间，由新锐设计师长年驻场，演绎一段段有温度的故事，选料、切割、缝纫、磨样、拓印，历日遥遥，历久弥坚。片刻投入，片刻凝神，每一个细微而缓慢的变化，都准备着一场与意想不到的

1 | 2
　| 3

1. 位于三楼的私房菜馆
2. 手工制作的饰品
3. 手工木作

美好的不期而遇。

　　168木工方的黄仕法毕业于广州美术学院工艺设计专业，有着文艺男的外表和灵巧双手。他是一个木工，还是一个"木痴"，雕琢得出具有创意和灵性的现代原创木制品。我去春园的时候，他的《24灯》正在进行后期制作，这是一款巴西花梨实木制作

的艺术台灯，原木色、木质旋转开关、手工编织线，斜切面的24度设计、纯手工抛光打磨，扭亮台灯，木质传递的温暖就散溢出来，色泽柔软讨喜，柔和灯光让人舒适而心安，仿佛置于净土。为什么叫"24灯"？因为这既是黄仕法的年龄，又寓意着24小时光阴的陪伴。

绿色盆栽是讲授精油课程时使用的

杨昕的lwujiwu主题展示将南方冬日的湿冷暧昧一扫而光。热情的红色手袋、精致小巧的手挽皮包、充满质感的零钱包包，错落有致地陈列在手作空间里，让人好生欢喜。压鳄鱼纹的牛皮皮革、红与白的讨巧颜色搭配，处处显示出年轻设计师的匠心独运。

　　墨非的皮艺作品则显得高冷许多，"暗黑系列"试图用暗黑来诠释一种另类的光明；"纯简系列"运用纯粹的概念，一系列灰调仿佛独立、个性、干练的时尚独白，还有灵感来自大师赵无极的抽象画代表作《连理》的渐变系列，变幻的色彩之中，符号逐渐解散、消失，在自由的笔触和大片或柔或浓的颜色的作用下，仿佛一个个被抽离的故事一般。

　　以手为作，增一分技能；以心为作，添一点情怀。喧嚣都市中，不忘追求生活的本与真，春园后街2号，一处自在、温暖、诗意的栖息空间，文青与艺青的美好生活都在这里。

小店资讯

- 地　　址：广州市越秀区新河浦春园后街2号
- 电　　话：13682289839
- 特色推荐：手作艺术品、熊猫考考咖啡、私房菜

悦物语工房
——开一间有爱的手工作坊

悦物语工房的创始人是一对中韩情侣——悦与裴。湖北姑娘悦沉迷于旅行，18岁就开始背包旅行，至今已到过27个国家。来自韩国釜山的裴，在北京学习汉语的那年认识了悦。世间有千万种相遇，有一种遇见叫一见倾心，她喜欢过平静而自然的生活，他沉迷于皮革，喜欢做手工皮包时的安静心情。就这样，因为日积月累的对皮革的爱以及对理想生活的向往，悦物语工房诞生了。

小店特色

◎ 地处广州著名的文艺街区之一——
　六运小区
◎ 前店有美丽的器皿和生活器物展示
　出售，后面的手工皮革工作室里有
　独一无二的手工产品
◎ 周末有手缝皮革体验课，还会邀请
　本地手工达人开设周末课堂

小而美的生活哲学

悦物语工房最初开在北京雍和宫附近的胡同里，2014年才搬到广州，而搬迁的原因其实也很简单——相比北京干燥的天气，悦和裴更喜欢湿润南方温暖的气候。

位于天河市中心居民小区里的悦物语工房，从外表看非常质朴，如果不是先前就有所耳闻或特意寻来，很容易在经过店前时错身而过。

小店是一间长方形户型的住宅房，悦和裴将它改造成前后分区的格局，前店有一个好听的名字叫"秋英"，是悦喜欢的一种花，也就是波斯菊的别名。这种花随处开放，

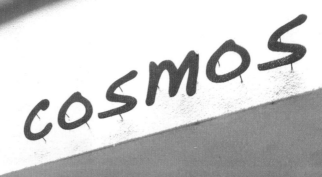

悦物语工房的前店——秋英

| 1 | 2 |
| | 3 |

1. 裴亲手制作的皮具也在杂货区域摆卖
2. 小店前半部分是秋英杂货
3. 手工缝制的皮鞋

生命力顽强。

前店主要展示一些手工制作的生活器物，当中很大一部分是日本匠人的作品，有陶瓷、玻璃、金属、皮革、木质器等，还有店家自己烘焙的新鲜庄园级咖啡豆、清迈的老布围巾、印度的羊毛织物，也有很多裴自己手缝的皮具小品。悦希望通过展示这些小而美的手工器物，让更多人接受，明白人与物之间最美的关系——选择适合自己的，融入自己的生活，通过理解器物与人之间的关系，把因喜欢而倍感珍惜的感情传达给他人。

前店还有一个研磨咖啡的吧台。这是裴喜欢待的地方，制作皮具累了，就会出来磨一杯咖啡让自己放松。裴的手工研磨咖啡，也是店里熟客的福利。

一种生活理想的实践

小店后面的区域是裴的手工皮革工作室，少言寡语的裴常常在那里一待就是一整天，安静而认真地缝制着他的皮革作品。

工作室的布置十分简单朴素，散发着皮革的天然气味，墙上钉着一些小巧木架，

美美的杂货区域

1. 裴的工具都钉在墙上，除了容易拿取，还起到装饰墙面的作用
2. 小作坊的韵味十足，温馨又美好

各种皮革用具皮雕锤、刨子、割圆刀、研磨器、间距规、削边器、挖槽器、圆锥、法斩……一件一件挂在墙上面——一些尚待完成的作品，都放在老榆木长桌上，寂静无声。一切都像过老了的日子，又像理想中的未来——只愿岁月静好。

裴开始学手工皮革的时候，或许根本没想过自己会开这家小店。一开始，他只是时常在家做做小东西，大多数都送给了亲戚朋友，后来遇到了同样喜欢手工皮具的悦，他们坚信"热爱生活的人们都有着趋同的爱好"。

现在，悦物语工房不仅是悦和裴的理想实验室，也是一种生活的实践，他们的生活简单而安静，工房里的装饰也处处透着自然的气息，比如树枝搭成的展示架、吊灯上自制的皮革灯罩、皮革制作的门把手等，都让人感受到一种简单而又诚恳的生活态度。

一项朴素纯粹的手工劳作

手缝皮具是一项朴素纯粹的手工劳作，需要静下心来才能完成。裴和悦都特别享受专注于当下的制作时光，二人并不追求产量，而是更倾向于琢磨每一个细节，并坚持用

最适合的好皮革，一针一线制作出能长久陪伴的简洁大方的日常用品。

悦物语工房的手缝皮具，在风格上比较偏向于日式、简洁、舒适、耐用。而在材料方面，裴和悦坚持使用意大利著名鞣皮厂的皮革，由栗子树和阿根廷胶树中萃取的天然植物染剂，经过长达数月的专业鞣制过程，使皮革从内到外均匀上色——这就是所谓植鞣皮革。原色植鞣皮革的颜色会随着使用而逐渐加深，变得厚重，形成所谓蜜糖色，手感也会越来越有弹性，这就是时光赋予植鞣皮革的独特魅力，就像悦和裴选择的生活方式一般，唯有安静品读，方能领略它的诸多美好。

小店资讯

- 地　　址：广州市天河区六运二街23号102室
- 电　　话：13246489100
- 特色推荐：手缝皮具

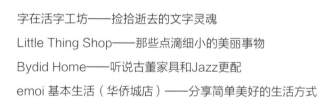

深圳

字在活字工坊

——捡拾逝去的文字灵魂

对绝大多数年轻人来说，铅字已经是20世纪的事物了。很难想象，几千年来由活字印刷和铅字定义出的关于中国文字的记忆，在激光照排和胶印诞生之后，几乎消失殆尽。正是基于这样的思考，2013年3月，字在活字工坊在深圳诞生，刘美松的"活字梦"终于落到了实处。以活字印刷体验互动为主的字在，不单是文明物证的聚合，也是在捡拾逝去的文字灵魂。

小店特色

◎ 俨然中国活字印刷术展示场

◎ 店内有1288个活字组成的二维码

◎ 顾客可在店员指导下制作各式印章、藏书章、信封

◎ 售卖很多和活字结合的文创产品

活字印刷术的展示场

刘美松的字在活字工坊位于深圳中心书城二楼的手工街上，店铺门面不大，也没什么花俏装饰，只在门前走廊上设了一大面活字积木墙供过往的人们免费玩耍。很多年轻人在墙前拼出不同的成语或者网络语句然后拍照，看的人和玩的人都很开心。

推开玻璃门，玄关墙是一面石砌活字墙，走进去，墙后面是一台巨大的老式铸字机。这台型号为ZD-201的老机器，出厂日期为1970年，外壳上刷的灰绿色油漆早已经参差斑驳，有些地方油漆脱落，锈迹斑斑，有的地方油漆就像陶瓷上的"开片"一样裂纹遍布。不远处的柜台上还有一台迷你活动台虎钳，在铅字印刷时代，台虎钳是刻字师傅不可或缺的工具，通常被用来夹稳一个个细小的铅块。

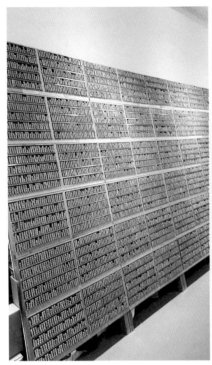

1 | 2　　1. 活字足足占去店内一面墙
　　　　 2. 两个小学生在店内体验刻字

　　铅字印刷的基本工艺是这样的：铸字、拣字、排版、上机印刷、切割、装订，如果发现字库中没有的字，则必须另行刻字，所以印刷厂都必须有专门的铸字部门，工人们用按比例配制的铅，再按字号的大小种类，调好字盒，装上字模，把电炉熔化的铅一个个地铸出字来，放到字库中。

　　这让我不禁感慨，铅字印刷，实在需要一个特庞大的字库了！

　　店铺内靠着一整面墙，摆了一人多高的庞大字架，每个字架上又整齐地码放着一个个字盒，字模在这一面墙的字盒里，大约有九万枚铅字，按照偏旁部首放在字盘内，一个格子可以放很多同样的字。

让一切充满古典美

　　店内还有十几个以活字形状打造的玻璃展柜，按发明顺序摆放着泥、锡、木、铅、铜、瓷活字，串起整个活字脉络。互动桌面上陈列着近400个清光绪年间的木活字拓片

1 │ 2
  │ 3

1. 老式铸字机
2. 活字
3. 用这些活字可以拓印出著名的唐诗

版制成的百家姓原子印，轻轻一按，一个个充满古典意韵的汉字便跃然纸上。店内还有笔记本、铜模U盘等活字延伸产品展示，而店门口由1288个活字组成的大大的二维码，更似在骄傲地宣布，一项古老的技艺早已远离了铅与火的时代，掀起了与时代接轨的新潮。

顾客在店内做印章的互动体验也相当有意思——关注微信公众号，在"拾字检索"栏里输入你想要的字，立刻就能知道这些字在哪一盘、哪一行、哪一列，然后和店员一起很麻利地从铅字架上快速地找到所选的字，之后就可以选择印章外壳了。PVC质地的外壳五颜六色，客人可以自己搭配拼成不同颜色，如此，不到十几分钟，一款极具个性的印章或藏书章就完成了，店家还贴心地配上非常有设计感的、典雅的棉麻礼品袋，拿去送礼也是相当可心的。

客人也可以在店内亲手拓印一幅活字印刷品，当然前提是字数不能太多，你可以选一首唐诗，或者写一首短诗，还可以是寥寥数语的情书，拣字、排列、上墨、铺纸、滚匀，一幅充满古典美的印刷品就这样诞生了。

活字砌成的二维码体现了古老与现代的融合

留住关于文字的记忆

刘美松曾经说过："历史的车轮永不可逆转，我们所做的事情并非是为了让活字印刷从幕后走向台前，我们真正想做的是保存历史进程中的点滴物证，致敬文明进程中的光彩一脉。"

当铅字熔化在了时间的熔炉之中，刘美松决定要做些什么以留住关于文字的记忆。2009年初冬，刘美松在老家赤壁购得826千克铅字，那是他的"第一桶铅"，之后他的足迹遍及大江南北，除了几百万枚铅活字外，泥、木、铜、锡、瓷活字渐次入手，尤其是清光绪年间的10万多枚木活字更成了他的珍藏之宝。

字在也在研发活字创意产品，意在使汉字瑰宝与现代创意设计相融会，并展现出艺术与时尚的非凡魅力，比如"活字抱枕"的每个面都有一个不同的彩色汉字，只要开动脑筋，搬动抱枕，就能组合成六首古诗。此外，还有收藏盒、镇尺、杯垫、四面印了字的各种材质的方形地垫、挂在墙上能拼成一首诗的环保袋……传统手艺传承下来，最终还是要靠商业的引导带动，让古老的活字传承下来，活到大家的生活里，这才是生存之道。

小店资讯

- 地　　址：深圳市福田区福中一路2014号中心书城北区2楼手工街N230
- 电　　话：0755-82785596
- 特色推荐：印章制作、活字印刷品拓印、活字创意产品

Little Thing Shop
——那些点滴细小的美丽事物

2008年，任刚（Jason）和田森（Timmy）在深圳创办了一本名叫*Little Thing*的时尚杂志。两年后，线下实体店Little Thing Shop在华侨城创意园开业。近200平方米的店铺内，来自英国、美国、泰国、日本等国家和地区的50多组独立设计师设计的衣服、首饰、手工艺品等商品纷纷"驻足"于此，足以让每位女性为之心动。

小店特色

◎ 店面设计充满森系风格
◎ 售卖的产品全部来自独立设计师品牌

梦想中的杂货铺子

Jason和Timmy给小店的定位是时尚而不失亲和力，关注潮流但不盲从，细腻的女性视角、独特的人文关怀，兼具亲切感和文艺感。

Little Thing Shop有纯白的门面，仿佛一个素面朝天的森系女子，天真、自然，自有一番超凡脱俗的美。柔和的橘色灯光从大大的落地玻璃窗透出，站在门外，一眼就能看到里面的DOLLY、甜美面纱、手工包、钉满绣片的衣裳、各种花花草草……一切女性热爱的美丽事物都在其中。

在这里，你能找到世界各地插画师、造型师、设计师新奇有趣的产品，包括男女服装、佩饰、箱包、文具、书籍、家具，还有精心搜罗来的各种古董小物件，时尚且富有艺术感。

小店外观

独立设计师品牌的专属平台

　　We collect beautiful things。这是2008年*Little Thing*创刊时发刊词里的一句话，Jason和Timmy的初衷是给独立品牌提供一个发言平台，以对抗所谓国际名牌的疲劳轰炸。八年间，他们一直坚持着这个宗旨，店里手工的拼布围巾、纯手工的皮制品、各式羊毛毡工艺品等，无一不是原创产品，每一件都独一无二。

　　这里有美国独立设计手工饰品品牌Girl with Flower的花朵动物头饰，夸张的造型和夺目的色彩搭配让头饰显得格外古灵精怪。中国香港的Candies饰品一向以创意大胆的风格而闻名，它的招牌——鲜艳硅胶彩色嘴唇出现在各项饰品和手提包中，调皮又有新意。Natacha Plano的女孩系列陶瓷吊坠，陶瓷加上镀金点缀，甜美而充满诗意，设计师是一名法国插画师及珠宝设计师。2009年她把自己的插画和珠宝设计相结合，将画上的小女孩们立体化，创立了自己的同名首饰品牌。日本艺术家Risa Mehmet的速写本，柔和迷幻的色彩，充满浓烈的甜美与诱惑；泰国女艺术家Mia的Portrait of Girls迷你手提包，玩味英伦复古风，这组女孩肖像系列以孩童般的用力涂鸦、不可思议的强烈色彩吸引着大家的眼球，女孩们的面孔看起来如此热烈、真挚、感人，却又在嘴角或眼

美国独立设计师设计的造型夸张的花朵头饰

1 | 2
  | 3

1. 各种帽子和发饰
2. 泰国女艺术家Mia的手提包系列
3. 色彩艳丽的手工羊毛毡包包

神间流露出了一丝对这个世界的戏谑之情……

坚守自己的创意梦想

Little Thing Shop以细腻的女性视野，关注时尚潮流、世界各地的创意概念，努力坚持成为每个人心中梦想的杂货铺子。据说，他们把在深圳买房子的钱都拿去做杂志和开铺子了。

为什么叫Little Thing？

"Little Thing"是"小事物"的意思，既小且美，它们就在我们身边，等待着我们去关注，去发现，去寻找和收集。在Jason和Timmy的梦想里，生活就当有浓郁的甜香、隽秀的庭院、斑斓的碎布以及随手抓拍的记忆。

Little Thing Shop还定期举办创意活动，比如，每两个月举办一次创意设计师见面会，还有周末不定期的跳蚤集市，很多小品牌业主、手作达人齐聚于此。因为原创性相对比较高，摊主们各自都很有才华和活力，又都谦虚和气，整个市集就像一个欢快的party一样……

2015年，他们还策划举办了六场"Little Voice"小声音音乐会，集合了斑斑、Cosy Bottle、汤旭、阿肆等小众歌手，以live的表演形式，在全国各个大中城市巡回表演，追求多元独特的音乐聆听体验，而在"我有一枚三叶草"系列中，有个五位女性创意艺术家推出的艺术展，与Little Thing Shop的客人分享了她们的自我态度和时尚生活方式，看身边的偶像们如何保持本初的自己。

对Jason和Timmy来说，Little Thing Shop就是坚守自己的创意梦想，清新、自然、本真、玩味，通过收集一个又一个美好的设计，打开了整个世界的大门。

1 | 2   1. 旋转木马是每个女孩子心中的童话
2. 兔子公主系列

小店资讯

■ 地　　址：深圳市南山区华侨城创意文化园北区A4栋113
■ 电　　话：0755-25468851
■ 特色推荐：各类原创产品

David Macphee是一位来自英国的绅士，在华侨城开办了一家手工工艺家具店——百点家（Bydid Home）。家具店的展示厅里全部是来自世界各地的精美手工艺品级别的古董家具。百点家的隔壁，是David和他的太太Binbin共同经营的Penny Black Jazz Café，这里常常有很棒的露天Jazz音乐会。于是，一边欣赏精美的古董家具，一边聆听小众Jazz，让David的这片小天地弥漫着浓厚的英伦古典气息。

小店特色

◎ 可以边喝咖啡边听Jazz边欣赏美丽的家具

◎ 每一件都是独一无二的手工制品

◎ 每晚都有音乐演出

带有精神传承的物件

1992年，David Macphee从英国来到中国香港，开始了长达14年的为室内设计师提供产品咨询的服务。2007年，David在中国香港注册成立了自己的公司，主要提供室内高级软装陈设设计及全球采购服务，同时还利用其自身在欧洲积累的深厚资源，为客户搜寻艺术创意产品。

2011年，Bydid Home创立，在深圳的家居行业独树一帜，因为David 展示和售卖的产品既不华美又不新潮，而且价钱并不便宜。而David对许多人喜欢大规模置换新家具的做法也表示难以理解，在他看来，家具其实记录着我们许多心情故事，我们或许就该把自己的心情和它们联系起来，一件手工艺品级的家具，采用的材料都是大自然的馈赠，我们又怎么可以喜欢了就买，不喜欢了就扔掉呢？

1 | 2
　　1. 店铺外观
　　2. 尼泊尔手工匠人打造的架子床

通过Bydid Home，David想要告诉我们的是英国人独有的恋物怀旧情结——你可以花大笔金钱购买一件高档奢华家具，但是你很难买到经时间酝酿出来的带着精神传承的物件。他想要传播一种传承的概念，对家居物件的传承，不仅是精神上的慰藉，也是一种强烈的环保意识。

一点点小"奢侈"的欲望

曾有人说过，喜欢英式风格的人，一定是无可救药的唯美主义者。Bydid Home的主打产品是英国著名的古董家居品牌HALO的复古家居。这个源自曼彻斯特的品牌，代

表着优质材料、卓越品质和独特设计，使用最为传统的制作工艺和高超的细目雕刻，无论是皮革家具还是"再生"系列，所有生产程序都严格遵循进行手工打造，呈现出一种古朴而华丽的英伦气质，独特而感性。

　　虽然Bydid Home的标签是英伦时尚复古家居店，不过，店内还有来自德国、印度、印尼等地的手工家私和家居用品，比如手工编织的粗麻花天然椰棕进门垫、印尼黑酸枝顶箱柜、阔叶黄檀大衣柜等。David说，希望Bydid Home能满足人们一点点小"奢侈"的欲望，它不必是一件大型的沙发或者是餐桌，可以是一把小椅子、一个小架子，或者一盏吊灯，总之就是一个让你看起来心花怒放的物件，永远带给你好心情。

$\dfrac{1}{2}$　1. 由Binbin主理的黑邮票爵士主题咖啡馆就在百点家隔壁

　　2. 欧式古董家居用品讲究造型简单且工艺精致

英伦范儿的高背靠椅

各式特色抱枕

$\dfrac{1}{2}$ 1. 小店一角
　　 2. 伊丽莎白风格的下午茶茶盘

一点点安逸和与世无争

　　Penny Black Jazz Café，是深圳少有的Jazz主题的咖啡馆，主要由David的太太Binbin打理，她是个美丽的成都女子，十多年前在中国香港与David相遇，相知，后来，David的生活重心便转移到了深圳。

　　Binbin是Penny Black的老板娘，也是这里的主唱，微博上Penny Black Jazz Café的简介是这样写的："一个坚持推广爵士的地方，一个享受慢生活的地方。"Binbin每周五会在电台做一个小时的直播节目，专门推广Jazz。更神奇的是，Binbin并不是音乐科班出身，她成为一名歌者，完全是出于对Jazz的迷恋，而她学习Jazz的方法只有一个——聆听，各种乐手、各种风格的Jazz都听，同时经常和不同的乐手切磋。

　　在Penny Black和Bydid Home门前，每天晚上都有不同主题的音乐表演，有时还会邀请国外乐队。明月当空抑或阳光午后，来自世界各地的爵士音乐人与本地乐手表演与交流。此外，Binbin还会提供开放式舞台给每一位爵士音乐爱好者，演奏者悠然而坐，面前摇曳着幽暗明灭的光，眼里却是无限远的远方。

小店资讯

- 地　　址：深圳市南山区文昌街华侨城创意文化园北区A5栋133号
- 电　　话：0755-86148086
- 特色推荐：HALO古董家居、手工家私和家居用品

emoi 基本生活（华侨城店）
——分享简单美好的生活方式

2008年12月，emoi 基本生活的第一家概念店在深圳华侨城创意文化园开业。秉持天然、健康、环保的理念，emoi的产品均采用各种优质环保素材制作，加上新颖、时尚、独特的原创设计，努力分享一种简单美好、可持续的生活方式，使购买绿色产品成为人们自然而然的选择。

小店特色

◎ 店面装修简单而雅致
◎ 原创优质生活产品种类丰富

一间清新雅致的概念店

"概念店"这个词源于欧美，流行于日本，用来形容那些风格独特、创意鲜明的店铺，这些店铺倡导的是某种文化理念，引导的是某种生活方式。

在这样的定义下，将emoi 基本生活定位成概念店一点也不为过。emoi的理念如此清晰，环保就是一切的核心，它所有的产品都尽可能地选择天然环保素材；emoi所倡导的生活方式是简单美好、可持续的生活方式，在保证产品使用持久性的同时，也考虑产品的可循环利用。

emoi 基本生活位于华侨城创意文化园内，店铺面积很大，足有上千平方米，装修却十分简单，挑高的Loft天顶，裸露的横梁和管道都被刷成纯白色，连地板砖也是灰白色调，加上疏朗的白色货架，对于逛惯了琳琅满目的百货商场的人来说，难免会觉得有些清寡，但对于喜欢极简风格的人来说，却是赞到极点。白色、灰色为主的环境里，搭配少许的橘黄色，还有货架上的那些绿植，都被装在一些造型奇特的器皿中，冒出一簇

说是小店，其实门面很大

簇清新的嫩绿色，再配上放置在原木色展示台上的各式浅粉色和黄色的蘑菇灯、香氛灯，使得整个店铺显得格外清新、雅致。

天然健康的原创生活品

　　emoi的店名来源于emotion（情感）和I（我）两个英文单词——emotion代表情感，注重给人带来美好的生活感受；I代表我，注重个体的独立性和创新精神。

　　emoi的产品种类很丰富，雨伞、茶壶、茶杯、体感灯、水瓶、背包、毛巾等，甚至还有挂在墙上的鱼缸，每一样都让人感觉简单、干净、阳光、舒服。

店内空间宽敞，色彩淡雅，逛起来很舒适

1	1. 环保羊毛毡杯垫，造型很可爱
2 3	2. 自动注水的新型花盆
	3. 多功能鱼缸

　　除了保证原创之外，emoi尤其强调天然、环保，如广受欢迎的绿色羊毛毡杯垫。羊毛毡这种古老悠久的织物，曾经在欧美盛行了几个世纪，近年来又在中国掀起一股个性时尚之风。羊毛毡的材质十分耐磨，可保证持久使用且能够回收，完全符合emoi所倡导的环保理念；而它绿色的设计充满大自然的气息，让人感觉特别清新有活力，树叶的形状显得春意盎然，加、减、乘、除、等号等数学符号运用其间，极富现代美感，就算单单用来做摆设，也能起到很好的点缀家居的作用。

　　除了羊毛毡杯垫，店里还有羊毛毡的手袋、钱包、卡包、地垫，连自动吸水花瓶也用到了羊毛毡材料。这种花瓶为玻璃和陶瓷双层结构，内层底部附有吸水羊毛毡，只需在外层容器内加水就能持续为植物供水。

好的设计是情感链接

在这个家居产品与数码产品结合得如此紧密的当下，emoi也在致力智能家居产品的研发，当然，它一直在强调简单与舒适的设计理念，将简单的事物融入科技感，并以此为基本标准评测自己的每一款新产品。

智能蘑菇台灯音响，不仅有可爱小巧的外形，带有免提通话和定时闹铃的功能，而且它将蓝牙音响和柔和的灯光融合到一起，通过独立的智能APP控制，加入了蓝牙无线连接播放，为了达到柔和的光照效果，特地将色温调在了2800~3000开尔文，并且多种不同光亮度通过轻拍的方式就可以进行调节。想象一下，城市的暗夜里，你坐在窗边，在柔和舒适的灯光下听着优美舒缓的音乐，慢慢品一杯咖啡或是清茶，似在倾听一帘月光如水，诉说温暖如昨。

除了蘑菇台灯音响，emoi中与其相类似的产品还有LED花瓶灯、智能香熏灯等，都属于跨界设计概念。香熏灯集香熏、加湿、音乐、灯光四种功能于一体，通过情感化设计，结合不同的精油，传递不同的体验感受，或清新愉悦，或安稳宁静，仿佛铭刻在时光里的印记，见证着每日的心情。

小店资讯

- 地　　址：深圳市南山区华侨城LOFT创意文化园E-5栋1楼
- 电　　话：0755-33086698
- 特色推荐：羊毛毡杯垫、智能蘑菇台灯音响

成都

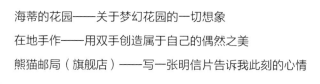

海蒂的花园——关于梦幻花园的一切想象

在地手作——用双手创造属于自己的偶然之美

熊猫邮局（旗舰店）——写一张明信片告诉我此刻的心情

海蒂的花园
——关于梦幻花园的一切想象

春天的时候，花艺朋友圈里流传着一个关于海蒂的花园的秘密。四月的最后一天，城市已是暮春，当我第一次走进海蒂的花园时，门口五彩斑斓的月季扑面而来，令人眼花缭乱。沿着小径走入园内，满满一堵砖墙的龙沙宝石正在纵情绽放，那份恣意的活力和美丽令人震撼。原木搭建的重重拱门攀缘着五颜六色的藤月和铁线莲，红砖、花径、木质桌椅、藤编花篮，无一不是浪漫和梦幻的诠释。我坐在花园木椅上，微风吹拂，花香沁人。谁能告诉我这真的仅仅是花卉市场的一家普通花艺店，而不是私家花园吗？

小店特色

◎ 胜似私家花园的花艺店铺
◎ 拍摄文艺清新照的绝佳场地
◎ 售卖各类优质花木

为女儿修建一个梦想的花园

园主桠丫是一个超级爱花的人，因为爱花、养花而和现在的老公相遇、相知，然后两人一同编织有关花的幸福生活。后来，他们又有了可爱的女儿海蒂。海蒂是一个喜欢穿花裙子的小姑娘，爸爸妈妈就用她的名字命名了花艺店。海蒂现在又有了一个叫噜噜的妹妹。园主说，为了让孩子有一个自由快乐玩耍的空间，他们便把自己的花艺店变成了一座花园。

海蒂的花园一开始并没有如此美丽，最初这里只是一片荒地，是海蒂的外公开着旋耕机来来回回，把一车又一车的黑土拉进场，才让这里逐渐变成可以养花的园子。现在园里的木屋、围墙以及各种景观都是园主一家亲自动手建造的，妈妈参照丸子小姐的《花园百科全书》用旧木料为孩子们做玩具，外公细细打磨各种小玩具以免伤到小小的海蒂和噜噜。他们还修了一个种满睡莲的小池塘，让孩子拥有和金鱼、蜻蜓亲近的空间。

这是一家花店，更是一座花园

园主一家都是超级爱花且有情趣的人，常在春夏季节前往欧洲或日本的园林或私家花园参观，英国著名的切尔西花展、威士利的岩石花园也都留下了他们的足迹。

四季花色各不同

因为园主特别喜欢月季、铁线莲、绣球和天竺葵，这几个品种也就成了海蒂的花园的主打花。他们全家人为这个花园洒下了辛勤的汗水，路径是用旧的预制板做成的，开满龙沙宝石的那堵墙是用旧的红砖砌成的，房子上拆下来的旧料则是玫瑰花廊的原料。

春天是花园最美的时候，俨然一个浪漫的粉色天堂。满园盛开着粉色、白色、红色的月季，数以千计的花朵齐齐绽开，紫色的铁线莲大片盛放，露天空地上还有大片、大片的白槟菊，花径两边搭配着紫色的鼠尾草和细叶美女樱，走在小径上，仿佛穿行在花海中。园主最钟爱的龙沙宝石开满了从卖场通往后面大棚的整整一堵砖墙，这种花以美貌著称，在欧洲各个地方常能看到，无论是拱门、靠墙、栅栏，还是花柱，用龙沙宝石

桌上看似随意的插花分外美丽

1
2
3

1. 原木搭建的重重拱门攀缘着五颜六色的藤本月季

2. 春天的时候，园主最爱的龙沙宝石开满了整整一堵砖墙

3. 这种紫色的铁线莲也是花园的招牌花种

就像走在童话里的梦幻花园

装饰起来就是绝对的焦点。

　　夏天来了，海蒂的花园的风格从"粉色浪漫"变成了"蓝绿清新"。盛夏的花园有着更加蓬勃的生命力，已经变成了蓝白色系的庭院，满眼绿意，特别舒服。这个季节的绣球花开得铺天盖地，紫色、粉色、蓝色组成了一个斑斓的世界。

　　这里真的是一个拍照取景的绝佳地。参观花园的时候，看见有摄影工作室和模特也在此取景拍照，忍不住自拍了一番。园主还经常组织开设一些插花、水彩画、陶艺制作方面的课程，在微博分享自己养花建园的心得。

　　海蒂妈妈曾经写道："一年的努力，一瞬的绽开，就为了有人停下来看一看，分分秒秒花皆不同。当你看了这一分钟，这一分钟的花就属于你了。"如此细微美好的心情和话语，或许也只有真正的爱花的人才形容得出来吧。

小店资讯

■ 地　　址：成都市锦江区三圣花卉苗木集散中心
■ 特色推荐：龙沙宝石、铁线莲、绣球花、天竺葵

著名的日本设计大师黑川雅之曾说，手作的价值就是发现偶然的美。繁忙的工作和生活中，或许有那么一刻，你也希望坐在一个洒满阳光的窗台下，暂时忘记身边的各种烦扰，慢慢学着用手工打磨器具，直到一块简单的木头在自己手中变成美丽的勺子或戒指，享受那份自己创造出的偶然之美。

小店特色

◎ 手工木器售卖
◎ 开设木器手工制作课程

简单质朴的工作空间

这里是位于明堂创意园区二楼的一间简朴的工作室，只有一间房的空间，成品、木料、机器、工具，一切原材料和器具都存放在这里，课程学习的所有环节都在这里完成。

走进店铺，墙上满满挂着的木工工具和屋里摆放的精致样品会给人一种非常专业的感知。尽管工作室空间不大，但是光线很好，明亮整洁，空气中弥漫着一股淡淡的木料香。室内物品很多，却井然有序。各种木头制品均由店里工作人员纯手工打造，精致而不失创意，叫人爱不释手。大部分木器都可出售，当然也有一些非卖品。

除了售卖木器，工作室也开设木工培训课程，每期7~8天，完成课程后就能掌握基本木工工具的使用方法。另外，还有单项的木器制作课程，包括如何制作碗盘、勺子、戒指、胸针、闹钟、花瓶等。店长和店员都是年轻的手工艺师，他们耐心仔细，教课认真，如果客人对做什么东西并没有概念，工作室内还有一整面墙的展示以资参考。

工作室空间不大，却整洁明亮

各种木制品均由工作室纯手工打造，精致而富有创意

亲手创造属于自己的偶然之美

或许有些客人会心存疑惑，从没做过木工甚至都没摸过那些工具也可以做出属于自己的木器吗？没错，在地手作开设的几项木器制作课程主要是针对零基础客户，是为了开启人们对木器手作的兴趣而设。

或许你可以从小巧可爱的木戒指开始，在老师的全程指导和帮助下，从自己设计到打磨成品3~4个小时，当把这个充满质朴之美的木戒指戴到手上时，满足感便会油然而生。木勺也是一个很受欢迎的制作课程，一小块黑胡桃木经过勾画轮廓、挖槽、切割、锉形、打磨、上油等多个步骤，在自己手里就如同变魔法般成为一把精巧的小勺子。这是一种无与伦比的奇妙感觉，用这样一把亲手打磨的勺子吃饭，想必食物也会更加美味吧。

除了木器制作，店里还开设了皮具制作课程。随身包是适合大多数零基础客人的选择。从裁皮开始，经过打磨、斩孔、缝线、封边等工序，到最后完成制作，一个简单、实用、漂亮的iPad/Mini信封包就出炉了。倘若要再讲究一点，还可以用专用的皮革染色剂染出喜欢的颜色，印上自己的英文名字，送人或自用都很有意义。或者仅需花费两小

在地手作就位于这幢一到秋天就被金黄银杏包围的明堂创意园区内

时做一个最简单的真皮带扣手环，也是一项有趣的体验。

忙碌永远不是忽略生活之美的借口。有些时候，让自己的脚步稍微放慢，把心慢慢沉淀下来，你会发现，这个世界充满了细致的美感。

小店资讯

- 地　　址：成都市青羊区奎星楼街55号明堂创意工作A2-5
- 电　　话：18615729707
- 特色推荐：木勺、木戒指、皮包制作

如果你来到成都，请别错过这家全球唯一以熊猫元素为主题的邮局。最好是选一个阳光灿烂的下午，逛完宽窄巷子或春熙路，走入少城路的熊猫邮局，买一张萌化人心的熊猫明信片，点一杯好喝的熊猫盖奶，在洒满阳光的窗台边写下自己的心情，盖上全球唯一的熊猫邮戳，给远方朋友寄去来自熊猫故乡的真诚祝福。

小店特色

◎ 全球唯一专用邮政编码610088
◎ 专属的熊猫日戳和熊猫纪念章
◎ 精致的熊猫明信片和特色文创产品

全球唯一以熊猫元素为主题的邮局

四川是大熊猫的故乡，熊猫也被视为成都的一张名片。如果你恰好去过熊猫基地亲眼见到呆萌的大熊猫，那么你就更不应该错过宽窄巷子附近的这家熊猫邮局了。

2013年10月9日是第44个世界邮政日，全球第一个以熊猫为主题的熊猫邮局在成都落成。熊猫邮局项目团队的负责人说，希望把熊猫文化、成都文化和邮政文化有机结合起来，以此推广成都文化，弘扬我们中国的传统文化。熊猫作为成都的标志，也将唤醒人们继承和发扬传统文化的意识。

熊猫邮局并非只是一个单纯嵌入熊猫元素的普通邮局，这里拥有全球唯一专属的印记——专用日戳和指定邮政编码610088，这个编码便于记忆，且88两个数字加入设计元素生动地展现了熊猫憨态可掬的形象。成都市邮政局专门申请了熊猫邮局的logo，展示出唯一、本土的成都特色。

就在邮局的隔壁，还有一家同样萌系可爱的熊猫邮局饮品店

一出人民公园地铁站口就能看见这幢古色古香的建筑

目前成都的熊猫邮局共有五个分店，其中最有特色的是位于人民公园地铁出口处的少城路旗舰店。这里的地理位置非常便利，一出地铁站就能看见这幢古色古香的建筑，门口装饰着醒目的熊猫标记。店内空间布置得很像一个书店，配有沙发和桌椅，方便大家在明信片上写字、画画。店铺中央巨大可爱的熊猫邮筒，由游客打印的照片精心组合而成的心形照片墙，都充满了浓浓的文艺清新氛围。

写一张明信片给你，告诉你我此刻的心情

熊猫邮局的主打产品当然是以熊猫为主题的各类明信片。明信片种类繁多、样式各异，既可整套出售也可单张购买，大部分是平价的传统纸质明信片，也有相对较贵的木质熊猫明信片。还可以借用店里的水彩笔在购买的明信片上写上地址和想说的话便可以马上寄出。熊猫邮局最特别的就是专属的熊猫日戳和熊猫纪念章，那萌萌的熊猫图案叫人爱不释手，可以选择不同的纪念印章并请店员盖上邮政日戳就可以寄出了。店内有一个巨大可爱的熊猫邮筒，设计非常巧妙，熊猫的嘴巴就是明信片的投递口。除了普通明信片的邮寄外，店里还提供一些特殊服务，譬如，为用户提供定时寄送、时光邮件存储、加盖爱情印章等服务。

除了熊猫明信片，店里也出售一些由成都美食、景点、民俗等四川传统文化衍生

由游客打印的照片精心组合而成的心形照片墙

1 | 2   1. 这个区域摆放着最受欢迎的明星产品
         2. 别致的熊猫信封和十二节气明信片

出来的文创产品。这些商品琳琅满目，包括邮册、书签、钥匙扣、冰箱贴、记事本、杯子、玩偶、行李牌等，无论是邮票、信封还是包装、徽章，处处都有熊猫温暖可爱的形象，设计得文艺又清新。

就在邮局的隔壁，竟然还有一家同样萌系可爱的熊猫邮局饮品店，饮料种类包括咖啡、奶茶、奶盖、台式粗粮热饮、果茶、果汁等。店铺不大，有一套小桌椅和几个临窗的吧台座位，客人可以点上一份饮品，在小憩的同时也写完了明信片。饮品价格不高，十元左右居多，也用模具做成了熊猫形状，非常可爱。

熊猫邮局还有一只叫YOYO的白色小猫，看上去乖巧可爱，据说它原来是一只流浪猫，后来被好心的游客捡到送到这里收养。这只可爱的小猫为邮局增添了不少生气，而

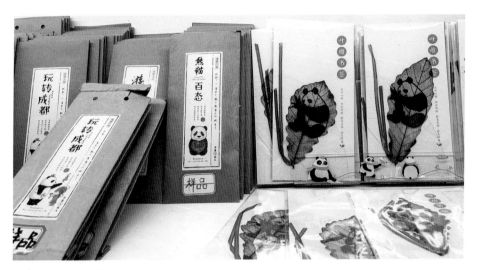

熊猫书签精致而有特色

这样温暖的故事正契合熊猫邮局吉祥物YOYO的梦想：

    每个人都来自偶然，但我想在这个美好的世界与你相遇

    我想遇见可能被孩子们孤立的小孩，给他一个温暖的拥抱

    告诉他未来还有许多美好在等着他

    我想遇见深夜还在加班的年轻人，为他倒一杯热茶

    我想遇见被雨水淋湿的人，为他撑起一把伞

    我想遇见一个微笑比阳光还美的小女孩，给她一捧手的糖果

    我想遇见世界上的一切，也希望着人与人的相遇、心与心的相遇

小店资讯

- 地　　址：成都市青羊区少城路43号
- 电　　话：028-81726272
- 特色推荐：熊猫明信片、熊猫书签

厦门

阿吉仔吉治百货——风骨五重天

不辍旧物馆——时间的收藏家

糖猫——时光就是牛轧糖

阿吉仔吉治百货
——风骨五重天

阿吉仔吉治百货在八市的中心处，八市自然便是大名鼎鼎的第八菜市场。对于一个喜爱深度旅行的人来说，八市这种象征着厦门最古老民俗风情的市井街道才是非去不可的地方。八市有斑驳的裙边、骑楼和钟楼，还有翻新后文艺腔调十足的吉治百货。

吉治百货共有五层，每一层都有鲜明的主题，饼铺、书局、咖啡馆……厦门最美的时光，也许就是坐在安静悠闲的吉治百货里，看窗外楼下八市里的人头攒动，热闹非凡。

小店特色

◎ 糕点包装精美

◎ 咖啡馆环境舒适

◎ 顶楼的乌龙茶室流动着浓郁的中国风

饼铺和秘密花园

阿吉仔馅饼是厦门的老字号，当地老人惯于将其买来用作早点。吉治百货的底楼特地开成一家精品饼铺，不再是市井中那种街坊式的门面，而是带着浓郁的文艺气息，环境很是清新。这里卖的阿吉仔馅饼也不再是零售散装的早点类型，包装得极为精美，供游客带回家当作手信。

吉治百货的老板想必是极爱复古瓷砖的，除了楼上的展示馆外，连馅饼的纸盒包装也设计成了复古的瓷砖花纹，十分独特。这是一个有创造力的想法，同时也提升了阿吉仔馅饼的品牌识别度，特意找上门来买手信的旅人络绎不绝，每次经过饼铺时总能看到有人排队，然而店铺里并不吵闹，等候的客人都静静在一边耐心欣赏各种精美的包装设计。

二楼的功用比较含糊，吉治百货自己的定义是"百分百厦门秘密花园"，有人告诉

1. 吉治百货外观
2. 一楼是复古瓷砖展览室
3. 四楼的吉治咖啡馆也以复古瓷砖为主题

设计成复古瓷砖的包装盒

二楼展示了复古的生活元素

我，它更像是一个小型的厦门早期生活展览馆。尽管摸不清这一层最准确的定义，但却无碍于让人们迷上它的陈设。靠楼梯的位置攀爬着绿色的藤蔓，两张复古的皮质沙发中间放置着一个作为茶几使用的大木箱，木箱上的台灯造型别致，加上地面上铺满的复古瓷砖，各种色彩的运用赏心悦目。沙发的背后有一个老式柜子，柜子里散放着过去厦门普通人家的厨房家什，柜子上方则摆着一个古朴的中式食盒。一幅民国风情的厦门历史画卷就这样不经意间在眼前展开。

靠窗的位置有一个小小的阶梯，阶梯上方布置成闽南特色的复古生活展区。台阶上铺满了碎石子，还零散地镶嵌了几块不同花色的瓷砖以作装饰。碎石子铺就的平台上放置了各种式样的复古家什，旧式样的壁钟、暗褐色的铜壶、鲜活的绿色植物与干花、锥形木质花瓶、原木的画框架、粘贴着瓷砖的老式冰箱、28杠自行车、用旧的墨研、老照片相册……各种匠心独具的细节，充满着不经意间对生活的设计，这点点滴滴的美学，让人沉浸在旧时光之中，忘却了时光易逝这件事。

$\dfrac{1}{\begin{array}{c}2\\\hline3\end{array}}$
1. 五楼的中式风格茶室
2. 这些招牌小吃是厦门旅行最好的手信
3. 在咖啡馆可以点阿吉仔的招牌小吃拼盘

记载时光故事的书局

　　吉治百货的三楼是时光书局，整层浅色主调的复古地砖看上去极为清新素净。靠墙的位置有一排书柜，书柜里摆放了一些旧物，诸如20世纪的打字机、缝纫机和收音机，以及柜子末端的几个旧皮箱。书柜里的书籍说不上丰富，大多都是厦门的人文历史与旅行游记，还有部分文艺类作品，虽然是这样，倒也适合在这样的氛围里静心阅读。

　　书柜旁边有一台立式的古董收音机，收音机上摆放着墨绿色的复古台灯、翡翠绿的茶具和一张裱在画框里的几十年前的张贴广告纸。书柜正对面是一张深色的原木长桌，

足够七八个人坐下来看书。时光书局里让人最喜欢的位置大概是临近街边的两张单人沙发了吧，草绿色和黑色的搭配显得沉稳而又自然，复古木箱上放置着鲜红色的老式电话机，墙上钉着许多格子，里面装着主人收集来的厦门古物。墙的下方是镂空的，装着透明玻璃，坐在沙发上看书若是累了，不妨先把手中的书放一放，品一口乌龙茶，静静地观赏窗外八市里的繁华景象，感受超然物外的宁静与浮生若梦的恍惚之感。

时光书局里还有一个角落，木头的桌椅贴在墙角的位置，只容得下两个读者，靠近落地窗的地面铺上了碎石子，形成极其细微的小型艺术景观。窗外是八市里最普通的老房子，墙壁早已斑驳，窗棂上生了锈，时光像是无孔不入的流水渗透进这些房子里，使

阿吉仔是厦门的老字号

其显出沧桑的老态来。坐在这里看书会让人唏嘘不已，真正文艺的究竟是这书局里的一桌一椅、一花一草，还是窗外那被岁月侵袭打磨后苍白的生活呢？

吉治咖啡和乌龙茶室

　　吉治百货的四楼是咖啡馆，又一说为"花砖博物馆"。吉治咖啡馆的地面用的是许多种不同花纹的瓷砖拼接而成的，看得人眼花缭乱，忍不住赞叹不已。不仅仅是地面上铺着瓷砖，连木桌的桌面上也铺着同一系列的花砖。为了减轻多种花纹带来的视觉冲击，吉治咖啡馆的家具都以最简约的原木色为主，木桌、木椅、木箱、木柜，恰到好处地陈列与摆放，与花砖的组合并不让人感到繁复杂乱，而是呈现出精致的复古美学。

　　到吉治咖啡馆不得不试的是阿吉仔馅饼的小吃拼盘，拼盘内有六种口味的馅饼，绿豆、紫薯、红豆、海苔、凤梨和椰子，每一个都切成小块，很是体贴。一个拼盘就可以

每一件旧物里都藏着一份过往

将阿吉仔招牌的甜点都试个遍，适合想尝鲜的客人。吉治咖啡馆的冰玫瑰奶茶也是很不错的，值得点上一杯细细品尝。而五楼的乌龙茶室则完全是真正的中国元素。竹与木、茶与石、瓷器与青瓦，乌龙茶室的每个细节都渗透着中式哲学中特有的禅意。踏上楼梯的那一刻，仿佛走入另一个时空，这里当是属于一袭白袍的谦谦君子，一琴一箫的清雅，素手煮茶的平静，都融合在这小小一方茶室里，谱写出无声的诗情画意。

小店资讯

- 地　　址：厦门市思明区开元路116号
- 电　　话：0592-2027116
- 特色推荐：阿吉仔馅饼、冰玫瑰奶茶

不辍旧物馆
——时间的收藏家

人往往是念旧的，虽然都说"昨日之日不可留"，却依旧割舍不下对过去岁月的怀念与留恋。爱因斯坦说，在物理学家的世界里，时间并不存在。可我们偏偏放不下那些虚空中的翳眼空花，当它消失后，依旧执着去找寻和思念残留的痕迹，以感知生命确实存在过。

喜欢旧物的人，或许也并非不懂得这些道理。他们只是时间的收藏家，以一种从容淡定的姿态在岁月中穿梭，偶尔拾起一个普通的物件，等待时光将它刻画出隽永的光泽。

小店特色

◎ 店内装饰古朴，收藏种类丰富
◎ 能感受到闽南独有的旧时岁月
◎ 店内的咖啡馆也有怀旧的情调
◎ 私房杨梅冰很好喝

尘封在岁月里的记忆

如果问在沙坡尾哪一家店可以消耗整日的时光，"不辍"是很好的选择。不辍旧物馆静静地开在民族路的一侧，古朴的招牌使得它看起来极为普通。但是一旦踏进去，便会被它深深地吸引，流连忘返，舍不得离去。那是一间极为宽敞的老屋，天花很高，南北通畅。它让人想起了童年外婆家的老房子，巨大的原木挑起的天棚，青砖黑瓦，似乎每个角落都珍藏着岁月的光影。

店里只有一个年轻的店员，总是很安静地做着事，不打扰客人随意参观。店外的车水马龙也成为模糊的背景。在不辍旧物馆，客人只会感受到宁静而舒缓的氛围，过往的种种人生，仿佛融化进了这片无声的悠长岁月中。

进门的第一眼，人们往往会被一个浴缸所吸引，它的外壁和四脚已经铁锈斑斑，里

那些年、那些人和那些事……

1. 如今已经见不到谁家的客厅会如此布置了
2. 当它再也发不出悦耳的琴音，时光便黯然神伤
3. 真想把这两张绿色的沙发买回家

面的部分却依旧洁白。这不知是多少年前的事物，在那时，如此欧式的浴缸应当是极为洋气的物件。它的主人或许曾是一个时尚精致的女子，有着与众不同的见识与品位。

两台旧式打字机非常容易地唤起了人们对旧时的回忆，虽然现在许多复古的客栈和咖啡馆里也会准备这样的装饰，但大多只是做旧的摆设，而非以前真正留下来的打字机。20年前的一段时间里，打字机是一个很流行、很文艺的物件。普通的英文打字机四五百元一台，名牌的中文打字机可以卖到一两千元。这对于当时的物价来说可不便宜，最重要的是普通人家哪里能用打字机写信，那可是好莱坞电影里的情节。

旧物馆中的艺术品

　　不辍旧物馆的一角被布置成旧时客厅的模样，墙上供奉着关公的画像，靠墙放着陈旧的木架和老木箱，一张看上去很结实的藤椅，正对着客人的方向，这是主人的位置。几乎可以想象那样的画面——一席谈话，宾主尽欢，再现了民国时期的社交样貌。

　　竹编的茶几上有一盏煤油灯，柜子上摆放着两台很早以前的那种黑白电视机，而隔离出这一独立空间的是刻意做旧的红砖墙和斑驳的白石灰痕迹，展示的是旧日的一种生

停留在墙上的光阴

活场景，使之鲜活地重现在人们眼前。然而它并不仅仅是机械地还原过去的时光，还加入了设计师的创意元素，许多小物件的组合形成了特有的艺术气息——虽说是把不同的时光特质糅合在一起，却毫不冲突，且打碎了时空的隔阂，形成独特的生活美感。

我最爱那两张挨在一起的绿色皮质沙发，大的那张是草绿色，小的那张是墨绿色，用极为鲜亮的颜色打破空间里的古朴色调，摆脱了沉闷的旋律，令失去活力的旧物全都重新拥有了生命力。这真是匠心独具的设计，光是这一处便会让人心生眷恋，不知不觉便会停留很久。

不辍旧物馆的卫生间门外也是个很有趣的角落，光秃秃的老墙上挂满了各种铁皮的路牌，有过去的公交车站牌，也有代表了一个时代的公用电话招牌，带人回到几十年前的记忆里，有些亲切，有些感怀。

$\dfrac{1}{\dfrac{2}{3}}$
1. 过去的杂志里，记载的仿佛是另一个时空里的故事
2. 一些过去的牌子，记录了那个时代独有的生活
3. 咖啡馆里一张被岁月洗涤了的梳妆台

1. 杨梅冰好喝极了

2. 属于海边渔民们特有的旧物

时光倒流的咖啡馆

不辍旧物馆里还有一家咖啡馆，空间很小，保持着一致的复古情调。咖啡馆里也陈列着不少旧物，有十分古老陈旧的梳妆台，有老式的挂钟，还有20世纪80年代的唱片盒。我走进店里，店员过来招呼，向我推荐了秘制的杨梅冰。这真是让人惊喜的推荐，不辍的杨梅冰实在很美味，清甜而不腻，有着新鲜梅子的香味。

面对落地窗的位置，是一张老木桌配上一张也有些陈旧的木椅。木桌上堆满了煤油灯、小型缝纫机、干花、仙人掌，怀旧中蕴含了一份文艺的情怀。坐在这里正对街道，不时有行人路过，看风景的人也成了别人眼中的风景。

在不辍的咖啡馆里，常常会有时光倒流的幻觉，眼前这些斑驳的旧物仿佛都成了此刻生活中的一部分，一切那么自然，好像现代化的生活从来没有来临过。在这里睡上一觉醒来，生活会不会还是多年前的模样，如同庄生梦蝶，不知道谁是谁的梦境，谁主宰了谁的时光。

小店资讯

- ■ 地　　址：厦门市思明区民族路120号
- ■ 特色推荐：私房杨梅冰、各种旧物

糖猫
——时光就是牛轧糖

鼓浪屿如今有两只大名鼎鼎的"猫"，除了大家熟悉的"张三疯"外，现在还多了一只"糖猫"。据说糖猫之所以叫糖猫，是因为它的英文名叫sweet mao，来自一张有些年头的黑胶唱片。

张三疯很萌，糖猫很甜，它穿着蓝色条纹衫，围着大红色的围巾，眼神有几分忧郁和惆怅，默默地注视着自己手中那杯招牌玫瑰焦糖茶，欲语还休。大门处的红色相框内飘扬着红领巾，下面的四个大字显得十分热情好客——糖猫有请。

小店特色

◎ 艳丽的红色主调，浓浓的童话色彩
◎ 院子里的木头飞机充满梦幻情结
◎ 有名的牛轧糖和玫瑰焦糖
◎ 有独立唱片出售

忧郁而甜蜜的糖猫

遇到糖猫那天是个艳阳天，明晃晃的阳光照得人眼前发花，但冬日里有这样的暖阳，心情自然再好不过。慢悠悠地在鼓浪屿闲逛，无意中看到一面令人惊艳的红砖墙，木栅栏和窗棂都涂刷成鲜艳的大红色，在阳光下像一朵朵盛开的牡丹花。红砖墙上贴着糖猫的卡通画，木栅栏上爬满了绿叶，与大红色相互辉映，带着童话般的意境。透明的玻璃窗内立着一只雪白的公鸡雕像，雄赳赳气昂昂地向来往的游客展示它的身姿。最引人注目的是装裱在红色画框内的一句话："时光是一颗巨大的牛轧糖。"

这或许就是糖猫的信仰，也是糖猫关于生活的梦想，很甜，甜得像一个五彩的梦，让人不愿意醒来。每一个在鼓浪屿偶遇糖猫的旅人，都不由自主地掉进了糖猫勾画出来的甜蜜梦境中，沉溺其中。

1
2

1. 满屋子都是漂亮的红色
2. 糖猫的围墙也很美

两位神秘先生

大门外的趣味壁画

　　门口有一个糖猫的大灯箱，糖猫应该和张三疯一样，是个男孩子。它爱穿蓝色的条纹毛衣，眼神中有着青春期男孩特有的忧郁，远不像张三疯那样没心没肺。糖猫衣着时尚，蓝色毛衣搭配一条与自己的毛同一色系的围巾，连白色桌子上的杯垫居然也是配套的。可是糖猫的神情依旧不太开心，紧闭的嘴唇有些倔强地思考着关于人生的命题，或许手中的玫瑰焦糖茶会让它的心情温暖起来吧。

　　糖猫的另一侧墙上挂着一幅版画，画上的小学生合唱团戴着整齐的红领巾，拉手风琴的小伙伴站在前排，在小指挥的节奏下唱着童年的歌。画无声，岁月亦无声，可是这无声的情境却荡起人心里回忆的歌声。

　　糖猫的下首还有两个木头人，一大一小，戴着高礼帽，裹着双排扣大衣，围着羊毛围巾，显示着浓郁的英伦风情。木头人先生给糖猫的小院带来了些许神秘气息。

童趣横生的小院

　　糖猫家有个漂亮的小院子，视野很开阔，阳光时常洒满整个空间，院子的一旁放着一张蓝色的小桌，桌子上的竹编筐里插满了绢制的浅粉色玫瑰。桌子上还有一个麻布小篮，里面堆放着糖猫的招牌牛轧糖，装在一个个大糖果造型的包装里，特别而且精致。

　　院子里的另一张小桌上放着店里刚刚泡出来的玫瑰焦糖茶，并配有一次性水杯给客

1 | 2 | 3
1. 包装精美的手信
2. 可以独自听音乐的内室
3. 鼓浪屿有一只有名的猫

人免费品尝。透明的茶壶里是艳丽的玫瑰红茶，加入了新鲜的水果，甜蜜得像一段慵懒的英伦下午茶时光。

院子的另一个角落里种了两棵树，树不算高，却争先恐后探出墙去，仿佛想看一看墙外的繁华世界。树下有一套木头桌椅，在树荫下静默着，那抹明丽的天蓝色勾勒出地中海的风情来。

小院正中有一架木质飞机，大红色机身，蓝色螺旋桨，好像是从童话里直接开出来的，充满了童趣，每个刚踏进小院的人都会因它而收获惊喜，忍不住上前合影留念。孩子们更是欢喜万分，赖在一旁不肯离开，叽叽喳喳的笑声充溢了整个院子。谁会不爱此情此景，谁会不贪恋这份童真的愉悦，糖猫最大的魔力，便是让你回忆起童年的快乐时光。

香甜的世界

糖猫最有名气的，自然是他家的手作牛轧糖，抹茶、蔓越莓、花生等各种口味都令人赞叹不已。每天来买糖的游人络绎不绝，主人都是连夜熬糖制作。糖猫里有一个咖啡馆一样的房间，墙是红、白二色，原木桌配红色皮质沙发，搭配着各种有趣的小摆件。阳光透进来时，整间屋子都散发出大红色的光泽，像一个熟透了的、发亮的水果，又像一颗巨大的透明水果糖。或许正如糖猫招牌上写的那样，时光真的就是一颗又香又甜的

牛轧糖。

　　在这个房间里，你可以点一杯糖猫的香草摩卡，也可以试试芝士焗红薯，你也可以什么都不点，只是单纯地坐一坐，品尝一下免费玫瑰焦糖茶，小憩一会儿，度过一段怡然自得的悠闲时光。只是大部分人走时都忍不住买走好吃的牛轧糖，或是喜欢上玫瑰焦糖茶特有的香甜，买一罐带回家自己泡水喝。

　　糖猫作为一家卖手工糖的店铺，最大的特色在于它居然还有一间唱片房，里面收集了许多的独立唱片，有放映机，客人可以自己动手试播试听。对于音乐爱好者来说，这种私密的地方简直就是天堂。然而，糖猫带给游人的惊喜还不仅仅于此，在唱片房的隔壁，还有一间手作展览室，各种充满艺术设计感的手作作品在这里出售。

　　糖猫像一个大红色的梦，梦里有糖果，也有音乐。糖猫的梦是有味道的，那么甜，甜得就像岁月里的牛轧糖……

小店资讯

- 地　　址：厦门市思明区鼓浪屿泉州路60号美泽楼（泉州路店）
- 电　　话：0592-2190202
- 特色推荐：玫瑰焦糖茶、手工牛轧糖

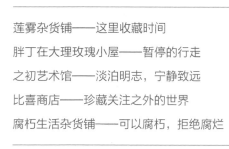

大理

莲雾杂货铺——这里收藏时间

胖丁在大理玫瑰小屋——暂停的行走

之初艺术馆——淡泊明志，宁静致远

比喜商店——珍藏关注之外的世界

腐朽生活杂货铺——可以腐朽，拒绝腐烂

莲雾杂货铺
——这里收藏时间

大理古城内各种创意店铺虽多，但因近两年商业化气息重了不少，真正有韵味、有沉淀感的杂货铺寥寥可数，莲雾就是其中值得品味的一家。

莲雾杂货铺藏在人民路下段一条小巷的尽头。青砖墙涂抹了一片深蓝的底色，还有紧闭的天蓝色木门，若不是有心寻找，真难以发现它的踪迹。这本身就是一种态度，不算生意，只是活法。

小店特色

◎ 收藏关于童年的记忆
◎ 从巍山村子里淘来的民族风旧家具
◎ 小院子很美

花开有落时，人生容易老

良子还很年轻，却总感叹光阴流逝，年华易老。"所以总该及时做点自己喜欢的事，谁知道未来还有没有机会呢。"她浅笑着说道。

良子从医学院毕业后分配到大理学院下关校区做校医，医生大多具备理性冷静的性格特质，良子却显得有些多愁善感。"真正懂得了生命的脆弱，才更会珍惜当下的自由与幸福。"良子坚信自己的选择是正确的。周围的人都无法理解她为何放弃多年医学院的苦读，放弃一份稳定体面的职业而去开一家专卖旧物的杂货铺。

"总有人问我，开杂货铺有前途吗？"良子笑道，"我就说，既然不知道结局，又何必费尽心思去猜呢。"

良子天生迷恋那些沉淀了旧日光阴的老物件，把它们从山村里淘回来，摆放在自己的小店里，这么做让她觉得很快乐。

店主亲笔刷写的名字

1 | 2　　1. 店里的时光悠长，让人情不自禁回忆起美好的童年
　　　　2. 属于莲雾的清新气息

　　良子把莲雾杂货铺设计得很怀旧，很有文艺感。从蓝色木栏的小门低头钻进来后，会看到一个小小的院子。院子里种植了一些简单的植物，藤蔓攀附在墙角，几朵玫瑰悄悄绽放，旁边还插着两根干枯的莲蓬。

　　院子里还有几块雕刻着门神的石板，漫不经心地搁在角落，其实这些都是良子跑了很多山路才找到的宝贝。石板旁边有一张老藤椅，很是老旧，仿佛沉淀了几十年岁月的沧桑，天气好时，她会坐在上面喝茶。老藤椅旁边有一棵盆栽的小树，装饰着欧式复古煤油灯，阳光透过树叶后斑驳的光影落在良子的头发上，仿佛一幅淡然的写意画，画中的时光永驻。

年年岁岁花相似，岁岁年年人不同

莲雾杂货铺只有良子一个人在经营，她租下了整栋小屋子。院子的南面是一间小厨房，北面是两层的阁楼，楼下便是莲雾杂货铺，阁楼上是良子居住的房间。

每逢淡季，良子会时常关店，因为她喜欢独自一人去远方淘货，四川、西藏、贵州都是她的目的地，而近处她最爱去的地方是巍山深处的小山村。良子说，那里偶尔有上百年的老房子拆迁，所有古老的东西通通像废品一样堆放在一旁。当地有些精明的小商人，虽然对这些旧东西的审美价值完全不能理解，却知道总会有城市里的文艺青年们来

留有时代痕迹的小物件

淘来的古老家谱

此收购。"他们当然会漫天要价,"良子轻笑,"但是我有足够的耐性,我会用整天的时间,从清晨到黄昏,一件一件挑,然后与他们坐地还钱。"

不过良子也有些惆怅,那些百年老屋剩余的也不多了,每拆掉一栋,便永远地失去一栋,再不会重来。她甚至从那些老屋子里淘来古旧的家谱,将上面的灰尘小心翼翼地擦拭干净,摆放在她的杂物柜里。望着家谱上一长串识不得的人名,不禁唏嘘不已——花儿还有重开日,人生没有再少年。

在莲雾杂货铺门口的墙上,良子写着几句话,"路也许很窄,但总是会有;路也许很长,但总会到头。马不是好马,那就能走就走;马不听指挥,那就随处停留"。她把人生比作一匹不听话的马儿,走在一条狭窄漫长却总会到头的山路上。这浅显通俗的比喻里,良子悟出了道家"随遇而安、清静无为"的人生观。

店铺的柜子上挂着一个棕色的旧皮包,皮包上有些地方已经有轻微的磨损,皮质的颜色也显得陈旧,可是气场十足。

有多少过去的回忆藏在这些物件里

　　"有时无聊的午后，我常常会捧着一杯茶，满脑子乱想，去猜测它以前的主人是怎样的模样。"良子摩挲着旧皮包的表面，"它是有故事的，只有时间才能沉淀出这样的气场，这才是旧物的魅力。"

　　许许多多的旧物被良子天南地北地淘了回来，而这些旧物原本的主人却早已不知去往何方，旧物变作岁月的留声机，将过往的美好光阴演奏成一曲无声的旋律。

留声机上的哆啦A梦管弦乐队

流水落花春去也，天上人间

　　莲雾杂货铺像是一台时间机器，恍惚间带人穿越回童年的暑假那个父母不在家的下午。屋子里只有自己一人，外面树上的知了叫个不停，阳光透过窗户照射进来，照到那台橘红色的玩具钢琴上。

　　80后的童年记忆里，或许都有一台只有12个黑白键的小钢琴，许多人对于音乐最早的认知就来源于它单调的旋律。在那个物质贫乏的时代里，它奏响了最美的音符，与光阴的回忆融成一片恬淡的岁月，令人追忆。

　　良子收集了不少关于80后怀旧的记忆碎片，马里奥兄弟的玩偶、外婆家的烧火钳、医院里的小药瓶、复古留声机上的哆啦A梦管弦乐队……这些物件让每个不经意间踏入莲雾杂货铺的人都情不自禁地轻叹一声，"咦，这个东西我曾见过欸！"

　　莲雾杂货铺中的点点滴滴，打开了我们每个人大脑的记忆库，一切有关过往的、清新的、稚嫩的回忆如潮水般涌出，隐隐约约中，仿佛听见那曲婉转的*Yesterday Once More*在耳边响起。

1│2　　1. 多少人还能记得这是什么
　　　　2. 怀旧中也藏着趣味

　　莲雾杂货铺里满屋子的"昨日重现"，让人忍不住平添几分"人生若只如初见"的感伤，而出神片刻，等回到现实的刹那，更觉逝者如斯夫，"风也萧萧，雨也萧萧，瘦尽灯花又一宵"。

小店资讯

■　地　　址：大理市古城人民路下段路旁小巷子内
■　特色推荐：哆啦A梦复古玩偶、古着皮包、巍山老家具

26岁那年，胖丁决定迈出梦想的第一步——环游中国。

在接下来的302天里，胖丁踏上了中国每一个省份的版图，用他自己的话来说，那叫"完成了一场生命的洗礼"。

直到2014年的某一天，一路吃吃喝喝的胖丁来到了大理，突然间再也迈不开步子了，他一不小心就沉浸在了这片上千年的风花雪月中，胖丁漂泊的心瞬间变成了玫瑰的颜色。

胖丁在大理玫瑰小屋
——暂停的行走

小店特色

◎ 可以选择时光慢递的原创明信片
◎ 店里的玫瑰产品都是胖丁的手工作坊出品的
◎ 号称古城最好喝的玫瑰奶茶

胖丁走四方

苏打绿有首歌里这样唱道："心里有一股声音，偶然听了起德布西，就想起太久没躺下，散落一地喘息。旋转的云的旋涡，随风而行；孤单的星星，要我过去游戏……撇开日子的奔忙，天空要狩猎海洋。控制不住的狂放，环游世界的梦想。"

这简直就是胖丁的内心独白，在很小很小的时候，胖丁便对自己发誓，总有一天要环游这个未知的世界。

在胖丁来到这个世界的第26个年头，他无法再抑制心中这份蠢蠢欲动的梦想，毅然决然地开始了周游世界的生活。他并没有好高骛远，千里之行始于足下，环游世界之前他决定先走遍中国每一个省份。在300多天之后胖丁实现了这个梦想，他把自己去过的地方标在中国地图上，地图上有着他的一句话，"我不是想说自己多了不起，而是想告

1   1. 胖丁的豪言壮语

2 | 3   2. 胖丁的个人履历挂在墙上

         3. 寄封信给未来的自己

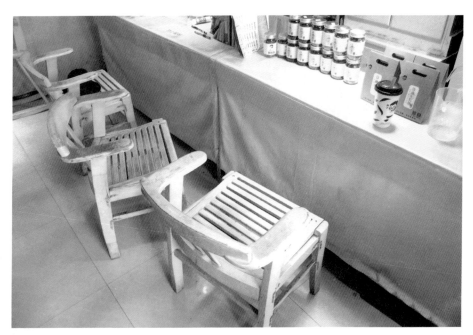

只有三张属于客人的位置，想坐须趁早

诉自己，人生有很多可能"。

　　"行走在路上"是胖丁骨子里难以抑制的天性，尽管决定暂时在大理歇歇脚，但对于将流浪视作生命的胖丁来说，这一切不过只是路上的过程。

　　珍惜每一个在大理遇到的人，或许明日各自即将背上行囊行走天涯，此生难以再会。胖丁知道自己终有一日，会重新整理自己的心情，远走他方。

　　只要还活着，就无法停止行走的步伐，这就是胖丁生命的意义。

胖丁在大理

　　胖丁快乐浪漫的流浪进行曲在漂泊到大理之后，冷不丁就画上了一个休止符，"大理简直就是我的理想国"，这边胖丁欣喜若狂地找到了另一个梦想，"我要在大理拥有一个院子，面朝洱海，专门招待五湖四海的朋友。空闲时候种种花、发发呆、泡茶、闲聊、晒晒太阳……待到花开时，朋友们举杯共唱"。

　　胖丁的古城的家安置在六十医院附近，每每走过8路公交总站，看到拉着行李箱和背着登山包的游人，暂停行走的胖丁心里总会激动万分，那就是过去和未来的自己啊。

　　"终有那一天的，"胖丁想，"我还会是他们的一员！"

1 | 2 | 3
1. 只要是想得出来的玫瑰产品，胖丁一个都不落下
2. 玫瑰曲奇是招牌甜品
3. 难得一见的玫瑰普洱

胖丁回忆起自己在路上的那300多天，认识了许许多多的人，让自己的生命也因此而精彩纷呈，得到那么多陌生人的帮助，才使得自己前行的脚步越来越坚定。

暂停行走的胖丁决心为这些正在路上漂泊的游人做点什么，正如当年那些好心帮助自己的人。于是思来想去的胖丁开放了自己家里的沙发，免费提供给沙发客们住宿，只求带来一张带着永恒纪念意义的明信片和一个愿意分享出来的故事。

尽管心还飘在流浪的路上，胖丁却依旧真真切切地爱着大理，他在自己的店铺外贴着一排字，"世界这么大，我就想来这里看看"。

胖丁爱玫瑰

胖丁在大理遇到了漂亮的女朋友，他琢磨着应该为这么漂亮的女朋友送一个配得上她的礼物才对。

都说女人爱玫瑰，而恰巧大理就是一个玫瑰盛开的国度。于是胖丁决定开一家小店，店里是有关于玫瑰的一切。

玫瑰小屋在人民路上很好识别，整个门面都是漂亮的粉红色。"我们研究与玫瑰相关的吃、穿、用。"胖丁在玫瑰小屋的门口写道。胖丁在大理建立了一个手作工坊，创立了自己的玫瑰商品品牌，名字就叫"胖丁在大理"。

玫瑰普洱、玫瑰黑糖、玫瑰花膏、玫瑰花果茶、玫瑰曲奇、玫瑰牛轧糖、玫瑰精油、玫瑰奶茶、玫瑰豆浆、玫瑰酸奶……胖丁绞尽脑汁地创造着关于玫瑰的一切，每一样都精心制作，象征着他对漂亮女朋友玫瑰色的爱情。

玫瑰小屋的冰玫瑰奶茶是招牌，里面的玫瑰酱香甜可口，颇有人气。

胖丁做的玫瑰商品价格不贵，品质却上佳，十分适合作为礼物带回家，玫瑰花膏和玫瑰黑糖都是热销产品。店铺里贴着一张纸，上面是胖丁的"格言"："你可以砍我，但请别砍价。"

在一个下雨天偶然来到胖丁的玫瑰小屋避雨，买了一杯玫瑰奶茶坐下，悠闲地打量着雨中的人民路。屋檐下雨水滴答，店铺里放着James Blunt沧桑的歌声，墙上天蓝色的木格子里放满了人们寄给未来自己的信，时光仿佛静止下来，只剩满屋子玫瑰的芬芳，还有胖丁的一句话，"既然来大理了，就把胖丁带走吧"。

小店资讯

- 地　　址：大理市古城人民路207号
- 电　　话：13187680892
- 特色推荐：手工古法玫瑰黑糖、玫瑰花膏、冰玫瑰奶茶

之初艺术馆

——淡泊明志，宁静致远

之初艺术馆是一个很特别的地方，甚至在整个大理，也很难找到一个能和它强烈的气场相媲美的地方。它藏在喜洲的偏僻角落，极少有游人会发现它，堪称喜洲最宁静的院子。

之初艺术馆的主人姓余，在喜洲的艺术家圈子里赫赫有名，大家称呼他为波波老师。有些人的文艺只在皮相上，而波波老师的文艺则渗进了风骨里。

小店特色

◎ 浓郁的传统匠人精神

◎ 充满想象力的创意手作家具

◎ 开设手工学习班，传授木刻技术

君子静以修身

那天，在己已巳古迹花园客栈老板田老师的强烈推荐下，我踏上了寻找之初艺术馆的路。距离客栈不远的地方有一条乡间小路通往海舌公园，在这条小路的左手方向有一家青年旅舍，之初艺术馆就在青年旅舍的对面。

之初艺术馆没有什么门面，普通的白族民居，古朴的木头大门上挂了一块普通的木牌，写着"之初艺术馆"五个漂亮的书法字。进门便是传统的照壁，堆砌着不少陈旧的瓦片。再往前走几步，会看到屋檐下挂着几个鸟巢，仔细一看，又觉得和普通的鸟巢不一样。鸟巢像一团草编的云雾，有一种迷蒙的美感，后来才知道那是艺术馆主人波波老师的作品之一，可以挂在长着一棵小树的办公桌上——那是波波老师原创设计的手作木工家具。

之初艺术馆只是一个很普通的白族院子，可是一踏进去，就能感受到它和外面世界

作品中的沉静美

$\frac{1}{2\ |\ 3}$ 1. 时光沉淀的岁月之美
2. 艺术与生活的完美融合
3. 平凡的生活物件中透露出艺术的精髓

完全不同的气场。

波波老师穿着一身中式的白衣，凝神专注于手中的木工活，仿佛整个人的精气神已经融入了手上的刀具与木材之中，合而为一。

有人进门，波波老师仿佛根本感觉不到，头也不抬地继续做事。如果你看他，他会感觉到，然后抬头微笑，算是打过了招呼，然后继续低头不语做着手里的活儿。你说话，他才会温和地与你交谈几句，语调平和安定。

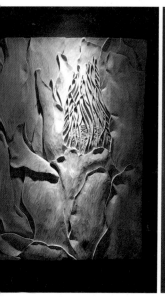

1 | 2 | 3

1. 令人沉醉的木雕作品
2. 枯木中盛开的莲花
3. 鸟窝也是艺术品

游人到此，不打招呼也可随意在院子里参观波波老师的作品，他只会凝神静气地专注于自己的工作，不闻不语。每一个到这里的游人都会感受到安静的氛围，会情不自禁降低声调，放缓动作，一举一动都小心翼翼，不敢高声语，恐惊"天上人"。

淡泊以明志，宁静以致远

波波老师学过建筑设计与室内设计，开过客栈，做过餐饮，曾在丽江老君山上待过八年，致力木刻艺术已有十年，经历过人世繁华之后来到喜洲，才下定决心，放下一切，专心致志地做这一件事，那就是追寻真正的匠人精神。

在时光悠然缓慢的喜洲镇上，波波老师会坚持每天花上八到十个小时用来专注于木刻手工的工作。他想了许多办法，从附近一些地方回收废弃的木材，进行艺术加工，变废为宝。即便只是一些无用的废弃木料，他也会带着一颗最虔诚的心去雕刻，他说："万物有灵，没有敬畏之心，它是不会听你话的。"

之初艺术馆的院子有两层，楼上、楼下都有作品展厅，游人可以随意参观。波波老师的作品充满了天马行空的想象力，有许多设计灵感前所未见，令人匪夷所思。

他做的木头办公桌，桌面形状不规则，像是从土壤里天然长出来的一样。桌面的一角难以想象地挺立着一棵干枯的小树，小树的枝丫密密麻麻，上面放着一个鸟巢。他做的木头长椅，靠背和椅子的腿看上去都是用干枯的木枝架成的，似乎随时要散开的样子，但是坐上去却稳固而舒适。这样的作品在之初艺术馆里比比皆是，让人赞叹不已。

波波老师说他成立了一个手工木刻家具的品牌，叫"一木生"，很快会在旁边再租一个屋子做成咖啡馆，把一些作品放在那边展示，也可以让当地人过来做木工活。咖啡馆会做成小剧场的形式，可以举办民谣音乐会或是话剧表演。

专注则励精，戒躁方冶性

之初艺术馆开办了手工艺术班，许多年轻人慕名而来，偶尔也有游人想来上两天课，波波老师却说："学习木刻，需要平心静气、全神贯注，单单学习一种工具或许便要一个月的时间，两三天不成事。学习木刻的过程同时也是陶冶性情的过程。"

倘若真的下定决心来上课，在波波老师这里是没有学徒之分的。他认为每个人都是学习者，只是在追求内心的境界中暂时处于不同的层次，大家都在不断学习提高的过程之中。

喜洲午后慵懒的阳光下，闲适的院子里，看着这个白衣男子面容平静地专注于他的木刻世界中，仿佛时间都停止了流逝，身边除了大自然本来的声音，一切都是宁静无声的。

游人可以随意找张舒服的木椅坐下来，闭上眼打个盹儿，享受这难得的清静、自在，体会岁月静好。

但你很可能会突然忍不住出声打破这片平静，好奇地问波波老师，"你手上正在雕刻的是什么？"

波波老师缓缓抬头，微笑，"你说它是什么？"然后就不再言语，只是带着一种特别的平静注视着提问的人。

被他这样看着的人或是更茫然，或会突然有所感悟。

小店资讯

- 地　　址：大理市喜洲镇
- 推荐商品：波波老师原创手作木工

在双廊古镇的主街上，有一座灰色的小楼格外引人注目。小楼共有三层，一楼有一扇门和一个橱窗，二楼、三楼各有两个小阳台，其间点缀着鲜花，整体看上去就是一栋漂亮的小洋房，恍惚间仿佛是在欧洲的街头遇到了它。

双廊走文艺调性的店铺不少，而比喜是真正有气质的佼佼者，带着万种风情，与众不同地矗立在那里，淡定从容。

从哪里来，往哪里去，关于比喜的过往故事，需与何人说？

小店特色

◎ 满世界淘来的珍品
◎ 更像一座艺术博物馆

流光飞舞的"博物馆"

比喜商店的店主名叫——，是个气质十分出众的女子，她是广州人，之前在香港工作，或许是大城市的快节奏痕迹还未消除，她说话的语速很快。广东才华出众的女子大多颇有些亦舒笔下女主角干练、爽朗的特质，她也是如此。

比喜这个名字很是奇怪，找不出合理的逻辑来解释。——笑了，说："那是西藏一个手工小店的名字，它以前是个民间博物馆，我们很喜欢，就取了相同的名字。"

比喜一共三层，最上面一层的空间归店主私人使用，用来请朋友喝咖啡，聊天。若是遇上投缘的客人，——会诚意发出邀请——客官楼上请。

底楼的商品比较符合大众游客的喜好，各种设计风格明显的茶具、围巾、皮质手工钱包，琳琅满目。比喜卖的东西比别家的要精致许多，价格自然也不便宜，然而——却认为，底楼的商品已经很接地气，那是因为和二楼的做了对比，所以才会产生这样的感觉。

二楼更像是一座艺术博物馆，收藏着从世界各地淘来的珍品，日本的旧瓷器、印度

一楼的小圆窗透着灿烂的阳光

比喜的每一个物件都很精美

的欢喜佛像、尼泊尔的香炉……每一个都有属于自己的、久远的故事，都有着一份岁月沉淀下来的光彩。——真心爱着比喜里那些花了很大精力淘来的孤品，每卖出去一个，她都有些伤感，都有些舍不得。

虽然比喜的古物不少，但同时也有最时尚的服装设计，多数是闲适的东南亚风情服饰，以优雅脱俗为设计风格。随意选一件，都是那么的清新、淡雅。

为生命寻一片柳暗花明

——是个成熟的女子，在一段短暂的时间里遭遇了生活的诸多变动，于是开始沉思，开始突破，开始寻找生命的另一片柳暗花明。

比喜是——和几个朋友合开的，在广州有设计工作室，——主要负责店铺里的管

二楼的珍藏只待有缘人

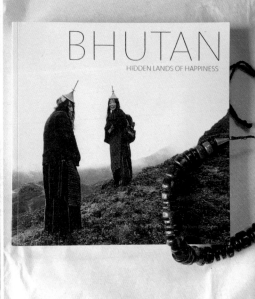

1 | 2 | 3 | 4

1. 一杯清茶，平常心境
2. 每一串饰品都有一个故事
3. 每份售出的商品都会用心包装
4. 青花瓷与玛瑙石

理。选择舍弃大城市五彩斑斓的生活方式而恬淡地居住在双廊，对于急性子的——来说，是生命的一次转折，"但是我喜欢做这件事，我的目的是通过这些商品把很多地域特有的历史文化传播出去"。

拥有了这样的比喜，不再像年轻时那样迷恋繁华，渐渐平心静气，立志去传承那些不被世人知晓的文化。这样的生活，是成长的升华，人生不在初相逢，洗尽铅华也从容。

"这或许正是人生的试炼。"——有着大城市精英女子的坚强与勇气，在慵懒的双廊里，显得那么与众不同。她不彷徨，也没有困惑，只是凭借多年的职场经验，努力去开辟一片崭新的天地。

在对的时间等待对的人

——说，大部分的游客只在一楼逛，鲜有上二楼的，她也从不邀请，除非是那个对的人。什么是对的人？——嫣然一笑，说："你看到就知道了。"从世界不同的地方赶

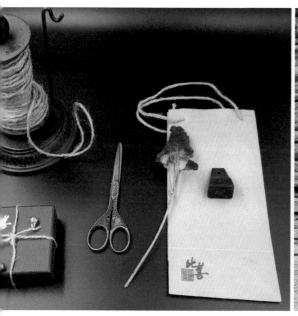

来，恰好在这样一个时间，走进这样一家店，却仿佛从来都在一个世界里活着，感受着对方的存在。

对于一一来说，比喜就是一个独立的世界，在她的三层小楼里，构建了一个梦幻空间。一层是与外部世界的交会处，二层等待投缘的人来叩响内心的大门，而三层则留给自己独处，或者寻知己好友，静坐品茗，悠然闲居。

在对的时间等待对的人，在对的地方享受美好的时光……

小店资讯

- 地　　址：大理市双廊镇（魁星阁斜对面）
- 电　　话：0872-2461209
- 特色推荐：日式陶瓷、原创服饰、印度传统摆件

腐朽生活杂货铺

——可以腐朽，拒绝腐烂

把腐朽生活概括为一家杂货铺确实有些牵强，因为它绝不仅是一家杂货铺。腐朽生活的外表非常普通，几页折叠的木门上方挂着一块不起眼的黑色木牌，写着"腐朽生活"四个大字。走进去，每个人都会情不自禁感叹，里面还真是别有洞天。

小店特色

◎ 浓厚的艺术氛围

◎ 商品极为丰富，你想得到的杂货都在
   其中

◎ 自带酒吧，卖自家酿的青梅酒

一家子的艺术范儿

我不想过多地用描述性的文字去讲述腐朽生活的室内设计是怎样的一种文艺调性，只想简单说说老板一家子。

老板家在北京，他本人是画家，喜欢四处漂泊写生，店里的画都是老板的作品。老板娘是一位钢琴老师，店里那台钢琴是属于她的。老板的孩子在中央音乐学院附中，作曲专业，近日正在准备去新加坡参加钢琴比赛。

一家子的艺术范儿累加起来，给了腐朽生活一种无法复制的文艺气质。

如果要一口气说完腐朽生活里在卖些什么，那是不可能的事。首饰、陶瓷、铁壶、酒吧歌手唱片、服装、书、包包、画、玩偶、坐垫、徽章、围巾、杯子、花瓶、珠子、烟缸、帽子、书签、明信片……总之，只有你没想出来的，没有老板想不到的。

小小的店面里藏着一个神奇的世界

1 | 2 / 3

1. 书、衣服、画……腐朽生活里的杂货应有尽有
2. 想象不出来这家店铺里究竟收藏了多少杂货
3. 藏在角落里的酒吧座位

红酥手黄滕酒

腐朽生活也是一家酒吧，角落里的位置极其私密，涂鸦墙、木头桌椅和沙发。酒是自家酿的，想想老板娘弹钢琴的手酿出来的青梅酒，也颇有些情趣吧。

腐朽生活有阁楼，摆放了沙发木桌，可以随意坐坐，也可以写明信片盖章。阁楼很隐蔽，有一种隐藏自我的乐趣。

如果你夸腐朽生活的室内设计情调十足，老板娘会举重若轻地笑笑，"我们每隔几天就会变动一次，跟着心情走"。

来"腐朽"吧

吧台的位置上挂着老板的座右铭："生活可以腐朽点，但千万别腐烂。"

你要想知道腐朽与腐烂之间微妙的区别是什么，去找老板喝酒时可以请教一番。

老板娘说，他们的爱好就是满世界寻找自己喜欢的杂货，然后把它们堆放起来，慢慢地，它们就变得这么多。"独乐乐不如众乐乐。"为了与志趣相投的人一起分享杂货的乐趣，于是就把它变成一家店。

小店资讯

- 地　　址：大理市双廊镇南诏风情岛码头附近
- 电　　话：18313029238
- 特色推荐：琳琅满目的杂货、自家酿的青梅酒

西安

猫咪森林
——喵星人的明信片小店

　　猫咪的明信片小店会戳中很多人心中最柔软的地方。猫咪肉肉的，温暖、呆萌，喜欢和人亲近，又不完全依赖人，人们却很容易深深地依赖它们，因为猫咪是如此的治愈。谁知道猫儿在想什么呢，是吃小鱼干还是晒太阳呢？仿佛感受到夏目漱石对猫咪的好奇心一般，和猫咪待在一起，什么事都不用做，只要被安静地治愈就好。

> **小店特色**
>
> ◎ 主打猫咪主题的明信片商店
> ◎ 清新文艺的装修风格
> ◎ 有腔调、有个性的猫咪女主人

猫咪老板的店

　　猫咪森林明信片主题休闲驿站，是西安喵星人最多的地方，开在城墙下的顺城巷里，相当隐蔽，总有许多人知道位置也找不到它。顺城巷是西安文艺青年集中的地方，在许多咖啡馆、青旅、酒吧、客栈之中，猫咪森林这个小店显得有些难以分类。店铺中满满当当的小木格子里的，都是客人们要在某一个时间寄送出去的明信片，而明信片里清一色都是猫咪卖着各种各样的萌。明信片之外，其实还有一些饮品，但猫咪森林不是咖啡店，而是一家卖明信片又有很多猫咪的小店。

　　猫咪森林很温馨，暖黄的色调，有点杂货铺的感觉。店里全部都是木质结构，墙上挂着木格子，里面的明信片一张挨着一张。几张大木桌子用来写字，杂货架上有书，有复古咖啡壶，有许多小物件。

1. 黑行板是这么淘气
2. 格子里的明信片

1. 灯光很暖人
2. 小七胖乎乎的圆脸
3. 优美的姿态

猫咪森林明信片驿站

与猫儿共处

店主是个爱猫的人，小店里的猫也不是名贵品种，曾经都是流浪的野孩子，如今被老板养得白白胖胖、干干净净。猫咪们每日什么也不做，只吃吃睡睡，卖萌晒太阳，偶尔蹭蹭客人们的爱抚，再也不用饱受流离之苦。

小店里的猫咪也时有客人领养，它们的名字都很萌。"秋裤"是一只虎斑猫，性格也像名字一样暖暖的，虽然这个名字有些逗趣，有些戏谑，但秋裤还是很喜欢这个名字的。叫它名字的时候，它就会停下舔爪子的粉色舌头，抬头看看你。"小警长"有纯黑色的光泽皮毛，嘴巴周围的毛却是白色，看起来有点严肃。

在这个灯光温暖的小店里，下午三点的阳光正好，膝盖上有一只胖乎乎的肉球在打盹儿。写一张明信片，挑一张看起来超级萌的猫咪照片，寄给未来的自己，提醒自己，鼓励自己，或者让自己记住这样的时刻，就算生活给你满满的心事，和猫咪相处的这个午后，却不再被那些琐碎的现实左右，好像只要摸摸它们柔软的身体，也能像它们一样慵懒自在地生活，不再被那许多的心事困扰。

小店资讯

- 地　　址：西安市碑林区南门里顺城南巷西段
- 电　　话：029-87251023
- 特色推荐：猫咪主题明信片

半山雅器

——陶瓷的粗糙与细腻

艺术区里的陶艺空间，初见就给人难以忘怀的印象。Loft的挑高厂房，宽敞却有点昏暗的空间里藏满了陶瓷烧器。混凝土与青砖的清冷感搭配陶瓷器皿的灵性，让半山显得很空灵。多年来，半山通过陶瓷和人们交流，表达着一种安静从容的生活态度。

小店特色

◎ 自烧、自创的原创精神
◎ 陶瓷器皿的烧制工厂
◎ 半山格调美学空间

半山雅器与长安烧器

半山雅器，这间工作室的玻璃窗下整齐地码放着数十根石雕拴马桩，一瞬间就能感觉到卓绝的品位和浓浓的西安味儿。

在古城城东的半坡国际艺术区，有许多年轻的艺术工作室，也有半山雅器这样有渊源、有名望的资深工作室。半山雅器的前身是长安烧器，这个工作室烧制陶瓷已经有11年的历史了，从陶瓷的造型到釉色与技法都十分专注于原创。

陶艺工作室的创始人是一位50后的西安人，做陶瓷完全是热爱使然。虽然他已经有了成功的事业，却仍然愿意追逐瓷器这个梦想，投身于陶艺的绚烂世界当中。

在这个宽敞通透的工作室里，摆放了数千件陶瓷制品，这样的瓷艺空间，也许在古城难有另一家可以媲美。虽然是一个旧厂房，但经过重新刷漆以后，在古朴大方、颇具匠心的润饰下，变成了一个陶瓷制品的乐园。

半山雅器

匠心独具的艺术空间

不拘泥于传统，不追求仿古，半山雅器的瓷艺更属于这个时代多一些。

茶具摆在工作室的两侧，有熟悉的天青色、白瓷、郎红釉、开片釉，也有叫不出名字的。一个青花与粗陶相糅的茶壶，粗犷与细腻好像恋人一般相遇，忽然碰撞出了一种不完整的、错落的美。

在半山雅器中，香器也是瓷艺形态的一个极美妙的分支。青瓷中盛放的白莲花，不蔓不枝，古老的韵味和中国人对美的含蓄表达尽在其中。

雕塑在瓷器中是轻松易得些的，因为陶艺雕塑的空间和可塑性非常之大，精小的茶宠，细致的物象，在艺术中也最能完整地、最立体地具化出设计师自己的风格。

之所以在古城西安难寻到另一个这样的瓷艺工作室，除了十多年的锤炼外，还有那些专注于独立的品质。将艺术和生活糅合在瓷器里，对于材料也有更大胆的突破性的想

陶器空间

1 | 2
  | 3

1. 瓷器的另一种美
2. 瓷器的格子间
3. 壶的千姿百态

法，也许有朝一日，半山雅器可以成为古城西安名声赫赫的窑口。

　　纯真的粗陶也好，光滑细腻的釉也罢，各有一套欣赏体系。仁者的山，智者的水，所以它叫半山雅器。一半水，一半山，为的是让君子们各有所爱，在粗糙的陶与细腻的瓷之中，看得到源远流长的古老之美。

小店资讯

- 地　　址：西安市灞桥区半坡国际艺术区
- 电　　话：18092359996
- 特色推荐：茶具、香器

彳亍
——缓缓远行的皮匠之心

手作本来就是一件很文艺的事情，在一件物品上倾注心血和情感，这件物品的价值于匠人来说其实并非金钱可以估拟。从很久以前，直到今天，我们仍然爱手工制品，我们爱柔软泥土经过手掌抚摩后变成的瓷，我们爱丝线在指尖灵巧穿越后织就的锦缎刺绣。我们甘之如饴地为手工制品付出昂贵的代价，因为人类的智慧和情感、灵感和理念，永远是无价的。

小店特色

◎ 独特的皮具定制工坊
◎ 高稀缺性的主题文艺风格
◎ 原创皮具的交流学习空间

信念使然

彳亍是一个手作皮具工坊。"彳亍"这两个字是缓缓而行的意思。在量化时代，一切都需要高效率，一切都很快速，但也许只有慢慢走、缓缓行，才能真正找到属于自己的那一个私人定制。彳亍的老板皮皮胡，是西安美院的研究生，这个年轻人有一天发现寻找心仪的皮具实在太难，也许唯有亲手制作，才能圆满自己的念想。就这样，彳亍出现在古城西安。

整个小店被刷成白色，门口放着一架小白车，木牌子上写着两个不起眼的字——彳亍。像是裁剪过一样，白墙上多出许多大大小小的窗，透着店里暖黄的灯光，如同造梦的工厂。老板的工作室里挂满了各种小刀子、量尺、卷线，看起来有点凌乱。然而已经完成的作品整齐地摆放在陈列柜上，在柔和的灯光下，冰冷的皮具好像有生命一般。

彳亍门前

　　在电影《哈利·波特》中有一个卖魔杖的小店，白胡子店主曾经对小主角说，是魔杖来选择主人，而不是主人选择魔杖。彳亍里形形色色的皮具仿佛也在对着选择它们的人托腮思考，展柜上一个线条利落的黑色斜挎单肩包，看起来就很不高兴，也许是在试图告诉你，它并不适合你。

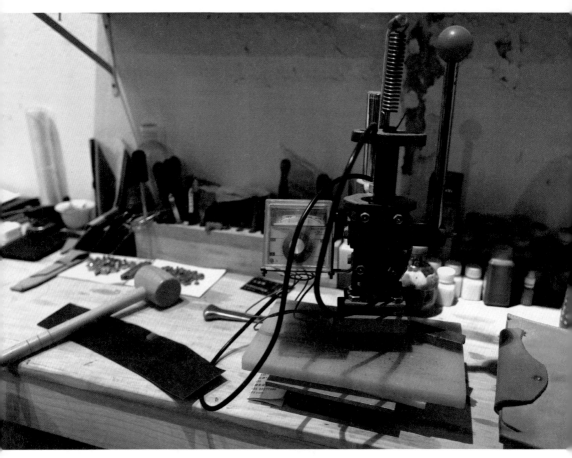

杂乱的工作台

文艺与初心

彳亍里其实也很有设计感，简单粗犷是一条主线，时不时还有美式复古这样的元素出现。尽管是一家工坊，却也非常漂亮，有着令人舒服的颜色，有着妥帖、恰到好处的光线。

小店中制作皮具的工具也很有趣，不知为什么看起来就让人觉得肃然起敬。在锐利的刀锋下、粗简的棉线中，柔软、上等的皮料像是等待嫁衣的、即将盛装的新娘。

皮料在等待蜕变，等待成为一件艺术品，它们有好看的网状纹理，有天然的古朴之气，有健康的色泽。皮皮胡制作皮具时的姿态很优雅，就像在弹琴，也似在作画，一样是在创造美。

复古是永远的主流

手工会带给人们愉悦的心情和更加丰满的人生体验。任何一个匠人在手工制作中都那么的专注，将脑海中散碎的，甚至缥缈的想法具化为一件有形的实物，这个过程妙不可言。制作者在时间中得到回馈，得到更多创意灵感，从而进一步爱上手作，爱上这种质朴单纯的快乐。

所以，除了定制皮具，彳亍还向顾客们传授手艺，当然都很简单。挑选色泽与颜色倾心的皮料，而后裁剪，缝合连接，如同筑梦师拼凑一个美梦一般。手指间或柔滑或粗糙的质感，带着自己体温和情感的一只小皮包，单是触摸着就能从生活的烦扰中解脱出来，哪怕只有一小会儿。

这里致力让手作感染更多的人，让城市里忙碌的人们静下心来，在这间白色小作坊做一次缝合梦想的皮匠。

1 | 2 　1. 这是一个皮具小店铺
　　　2. 货架上的心血之作

小店资讯

- 地　　址：西安市灞桥区半坡国际艺术区B区2-34
- 电　　话：13119188525
- 特色推荐：手作皮具